JUEGOS DIDÁCTICOS

Colección dirigida por Jean-Luc Caron

Juegos para entrenar tu inteligencia matemática

Christian Lamblin
Ilustraciones de Laëtitia Lamblin

terapiasverdes

ÍNDICE

Instrucciones — 4

EN LA GUARIDA DEL BRUJO

1. **El triángulo de bolas** — 6
   Progresión numérica
2. **¿Quién quiere cerezas?** — 7
   Secuencias lógicas
3. **Un pastel para 4** — 8
   Quebrados
4. **Las plumas mágicas** — 9
   Deducción (sumas)
5. **Ropa nueva** — 10
   Deducción (sumas y restas)
6. **Los intrusos** — 11
   Deducción (múltiplos)
7. **La pared bicolor** — 12
   Área y proporcionalidad

Misterio resuelto — 13

LAS CIFRAS MISTERIOSAS

8. **La fábrica de Papá Noel** — 14
   Proporcionalidad
9. **Canicas de más y canicas de menos** — 15
   Deducción (sumas y restas)
10. **¡Los extraterrestres están ahí!** — 16
    Proporcionalidad
11. **Cajas de anillos y anillos en cajas** — 17
    Distribución
12. **Extrañas igualdades** — 18
    Deducción (sumas)
13. **La hucha de Anita** — 19
    Proporcionalidad
14. **Letras y cifras** — 20
    Igualdades

Misterio resuelto — 21

EL CUADRADO MÁGICO

15. **La torre de cubos** — 22
    Distribución
16. **Templos, budas… y un elefante** — 23
    Distribución
17. **¡Más intrusos!** — 24
    Deducción (múltiplos)
18. **¡A beber!** — 25
    Proporcionalidad
19. **Un bonito paseo** — 26
    Cálculo y comparación
20. **Pasteles para los golosos** — 27
    Proporcionalidad
21. **El «cuadrado azul»** — 28
    Área y perímetro
22. **¡Pobres animales!** — 29
    Proporcionalidad
23. **Una buena herencia** — 30
    Proporcionalidad

Misterio resuelto — 31

EL PLANETA DE LOS GUBIOLES

24. **¡Pirámides!** — 32
    Observación y cálculos
25. **A pie, a caballo o en coche** — 33
    Proporcionalidad
26. **Una historia de avestruces** — 34
    Deducción (sumas y restas)
27. **Letras y cifras (bis)** — 35
    Igualdades
28. **¡Abuela ingeniosa!** — 36
    Quebrados

Misterio resuelto — 37

EL ATAQUE DEL CIBERTONTÓN

29. **Un gran montón de depósitos**   38
    Proporcionalidad
30. **Un nuevo jugador**   39
    Observación y cálculos
31. **Los cocos**   40
    Proporcionalidad
32. **Mucha gente en la báscula**   41
    Deducción (sumas)
33. **Alí Babá y los 6 ladrones**   42
    Quebrados

Misterio resuelto   43

PESADILLAS INGLESAS

34. **¡Pirámides bis!**   44
    Observación y cálculos
35. **Un abuelo generoso**   45
    Quebrados
36. **El caballero Héctor**   46
    Proporcionalidad
37. **Un número de más**   47
    Deducción (múltiplos)
38. **Una abuela un poco extraña**   48
    Deducción (sumas
    y multiplicaciones)
39. **Una bonita obra de arte**   49
    Área y proporcionalidad
40. **Los veterinarios**   50
    Deducción (sumas)

Misterio resuelto   51

LAS PUERTAS DEL DIABLO

41. **La cuenta es buena**   52
    Observación y cálculos
42. **Queridas vacaciones**   53
    Quebrados
43. **Una cornisa en el techo**   54
    Área y perímetro
44. **El aguador**   55
    Deducción (4 operaciones)
45. **Un número de más (bis)**   56
    Deducción (múltiplos)

Misterio resuelto   57

¡LA UNIDAD CORRECTA, POR FAVOR!

46. **Botellas vacías y botellas llenas**   58
    Deducción (sumas y restas)
47. **Hércules y Superman**   59
    Proporcionalidad
48. **¡Oro para los piratas!**   60
    Representación y deducción
49. **Un papá valiente**   61
    Observación y cálculos
50. **La torre infernal**   62
    Representación y deducción

Misterio resuelto   63

INSTRUCCIONES

Presentación

Este cuaderno propone a los niños entrenar su inteligencia **matemática** resolviendo **50 enigmas** que permiten trabajar con las operaciones, los quebrados, las secuencias numéricas, las igualdades, la proporcionalidad, las superficies…

Los enigmas propuestos en este cuaderno pretenden suscitar el interés del niño y proporcionarle agradables momentos de búsqueda y descubrimiento. A lo largo de las investigaciones, el niño tendrá que:

- colocarse en posición de lector activo, representarse la situación propuesta y buscar la información pertinente;
- estimular su imaginación, su reflexión y su capacidad de deducción a fin de poner en marcha un razonamiento adecuado para resolver, generalmente mediante el cálculo, el problema planteado;
- aguzar su curiosidad y sus ganas de aprender.

Para resolver un enigma, el niño puede apoyarse en dos o tres **pistas,** que le permiten emitir o rechazar hipótesis. Cuando el niño piensa que lo ha resuelto, debe trasladar su respuesta a la página de **«Misterio resuelto»**. Una vez realizados todos los enigmas de la misma serie, puede descubrir la clave del misterio y comprobar así sus respuestas.

Para cada enigma, la respuesta explicada está escrita «al revés» en la parte inferior de la página.

Consejos de utilización

Si no quieres seguir el orden de la obra de manera lineal, tienes que consultar el índice, elegir una serie y resolver sucesivamente todos los enigmas que corresponden a una página de «Misterio resuelto». Las competencias indicadas en el índice pueden determinar la elección de una serie de enigmas por resolver. Sin embargo, se ha privilegiado la variedad de las investigaciones en el seno de cada serie.

Procura que el niño **adopte una actitud real de investigación** para descubrir la respuesta, sin intentar adivinarla leyendo el texto de la parte inferior de la página escrito al revés.

A algunos niños, les gusta resolver solos los enigmas, otros prefieren compartir este momento. Si el niño te lo pide, juega con él, apórtale una ayuda, estimúlalo si es necesario, pero déjale descubrir la repuesta por sí mismo. Es importante que los enigmas se consideren como un juego y no como un ejercicio obligatorio que hay que realizar.

Así es como funciona tu cuaderno. Observa bien...
¡Después ayúdanos a resolver los 50 enigmas!

El **texto** y la **ilustración** ponen el decorado y dan la información útil para resolver el enigma.

Esta es la página del **«Misterio resuelto»**. Las respuestas que traslades aquí te permitirán resolver un último misterio.

La **lupa** realza la pregunta del enigma.

- **Elige tu respuesta** en la lista de propuestas.
- **Traslada tu respuesta** a la página indicada para resolver el misterio.

Si no encuentras la clave del enigma, estas **pistas** te indicarán el camino.

Puedes **comprobar la respuesta** aquí, dando la vuelta al cuaderno.

EL TRIÁNGULO DE BOLAS

Tom tiene una bonita colección de bolas. Le encanta ordenarlas formando un bonito triángulo isósceles.

Hace 2 filas con 3 bolas.

Hace 3 filas con 6 bolas.

Hace 4 filas con 10 bolas.

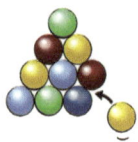

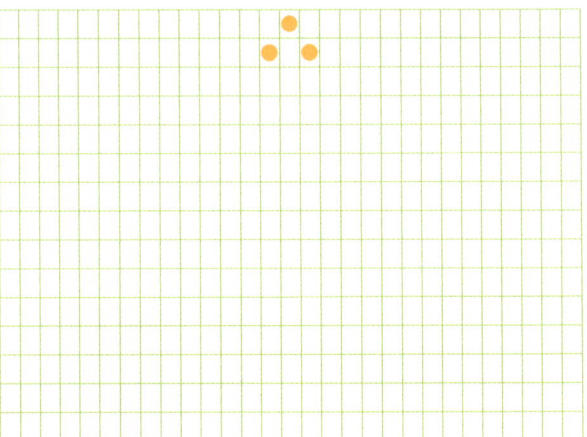

Utilizando toda su colección, Tom puede hacer 15 filas. ¿Cuántas bolas tiene?
(Puedes utilizar la cuadrícula de ayuda y continuar el dibujo.)

Colorea en esta tabla la casilla que corresponde al resultado correcto.

C	95	U	108	I	541
V	156	W	43	R	120
Q	304	G	76	Z	274

Página 13, busca la letra que se encuentra en la casilla coloreada.

1. La primera fila (arriba) tiene 1 bola. Después debes añadir 1 bola en cada fila suplementaria. Por ejemplo, para 6 filas: $1 + 2 + 3 + 4 + 5 + 6 = 21$ bolas.
2. Puedes dibujar las filas en la cuadrícula para comprobar tu resultado.

Respuesta: Tom tiene 120 bolas ($1 + 2 + 3 + 4 + 5 + 6 + 7 + 8 + 9 + 10 + 11 + 12 + 13 + 14 + 15 = 120$). **Página 13**, colorea la pista R.

¿QUIÉN QUIERE CEREZAS?

Anna y Mathis están en casa de su abuela Lola. ¡Esta señora antes era profesora de matemáticas y ve operaciones por todas partes!
«¿Quién quiere cerezas?», pregunta Lola.
Anna levanta de inmediato la mano. Mathis duda…
«Para conseguir cerezas, hay que encontrar la respuesta a este enigma…», añade Lola.
¡Ya ves, Mathis tenía razón en desconfiar!
¿Puedes ayudarlo a conseguir su parte de cerezas?

Completa cada secuencia lógica:

2 – 4 – 8 – 16 – 32 – ☐ – 128 – 256

3 – 6 – 9 – 12 – 15 – ☐ – 21 – 24

52 – 48 – 44 – 40 – 36 – ☐ – 28 – 24

▶ Suma los 3 números que acabas de obtener:

☐ + ☐ + ☐ = ☐

▶ El resultado tiene que estar en la tabla. Colorea su casilla.

D 201	K 75	F 816
O 5	E 708	N 36
C 118	T 114	W 328

Página 13, busca la letra que se encuentra en la casilla coloreada.

1. En una secuencia lógica simple, se respeta la misma operación en cada etapa. Por ejemplo: 2 x 2 = 4 x 2 = 8 x 2 = 16 ¡y así sucesivamente!

2. La operación que relaciona los números puede ser una multiplicación, una suma, una resta o una división.

Respuesta: El resultado es 114. Secuencia 1 (x 2): 64 / secuencia 2 (+ 3): 18 / secuencia 3 (– 4): 32. Se obtiene: 64 + 18 + 32 = 114. **Página 13,** colorea la pista T.

7

ENIGMA 3
UN PASTEL PARA 4

Élodie ha invitado a tres de sus mejores amigos. Para recibirlos bien, ha preparado un magnífico pastel que pesa exactamente un kilo.
Bastien, que es muy educado, propone comerse ¼ del pastel.
Raphaël, que ya ha comido un chucrut a mediodía, solo quiere 1/5.
Nils, por su parte, que ha jugado a fútbol toda la tarde, cree que la mitad del pastel estaría muy bien.

Si se reparte de esta manera, ¿cuál sería el peso exacto de la parte de Élodie?

Colorea en esta tabla la casilla que corresponde a la respuesta correcta.

E	125 g	N	2 kg	C	800 g
D	2 g	F	350 g	G	3 t
W	500 g	B	50 g	I	1 kg

Página 13, busca la letra que se encuentra en la casilla coloreada.

PISTAS
1. Puedes indicar el peso del pastel en gramos.
2. ¡No olvides utilizar tus conocimientos sobre los quebrados!
Por ejemplo, ¼ de 200 € = $\frac{200 \times 1}{4}$ = 50 €.
3. Peso de la parte de Élodie = peso del pastel − peso de las partes de los chicos.

Respuesta: La parte de Élodie pesa 50 g. (Bastien: 1/4 de 1.000 g = 250 g; Raphaël: 1/5 de 1.000 g = 200 g; Nils: ½ de 1.000 g = 500 g; total: 250 + 200 + 500 = 950 g; queda para Élodie: 1.000 − 950 = 50 g).
Página 13, colorea la pista b.

8

ENIGMA 4
LAS PLUMAS MÁGICAS

Un viejo hechicero recibe a sus tres nietos. Prepara 30 plumas mágicas, porque este número corresponde a la suma de las edades de Pierre, Sophie y Natacha.
Sabemos que Pierre tiene 15 años y que Sophie ha recibido 9 plumas.

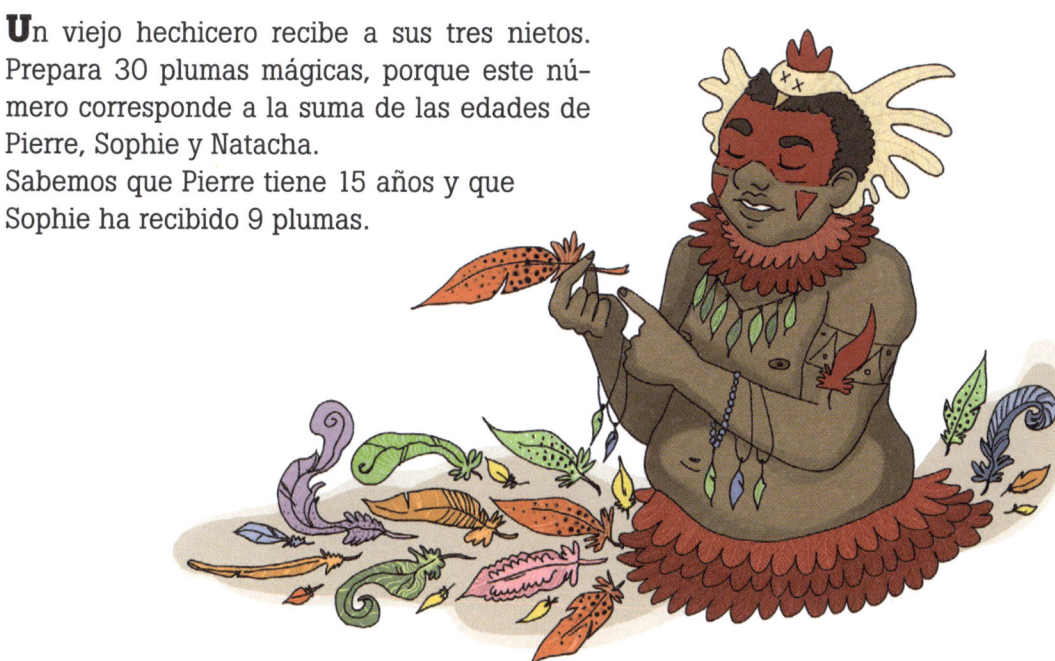

Pero, ¿qué edad tiene Natacha?

Su edad está escrita en esta tabla. Colorea su casilla.

F 12 años	**O** 3 años	**L** 6 años
E 9 años	**N** 1 año	**D** 15 años
K 6 meses	**C** 47 años	**U** 7 años

Página 13, busca la letra que se encuentra en la casilla coloreada.

1. El abuelo piensa que es lógico dar una pluma por año de vida. Por qué no…
2. Si Sophie ha recibido 9 plumas, es porque tiene 9 años.

Respuesta: Natacha tiene 6 años, Pierre tiene 15 años y Sophie tiene 9 años. Lo cual suma 30 años en total, por lo tanto, 30 plumas. **Página 13,** colorea la pista L.

ENIGMA 5 — ROPA NUEVA

Una mamá va a comprar ropa para sus dos hijos. «Quiero gastarme 110 €», advierte la mamá, «¡ni un euro más!» «Y me gastaré lo mismo para uno que para el otro.»
Samira elige un bonito jersey de 25 € y un abrigo.
Tarik elige un bonito pantalón negro y una cazadora azul. La cazadora cuesta igual que el abrigo de Samira.

Pero entonces, ¿cuánto cuesta el pantalón de Tarik?

Cuando hayas encontrado la respuesta, colorea la casilla correspondiente a su precio en la tabla.

G 12 €	Z 22 €	O 35 €
N 6 €	K 43 €	S 25 €
U 28 €	Q 4 €	V 95 €

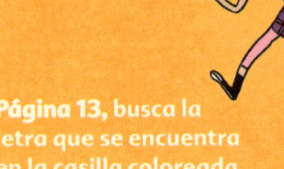

Página 13, busca la letra que se encuentra en la casilla coloreada.

PISTAS
1. Relee lo que dice la mamá: ella te indica cuánto quiere gastar para cada hijo.
2. Esto te permitirá conocer el precio del abrigo de Samira.
3. Si conoces el precio de la cazadora (el mismo que el del abrigo), te resultará fácil descubrir el precio del pantalón.

Respuesta: El pantalón cuesta 25 €. La mamá gasta lo mismo para cada hijo (o sea 110 : 2 = 55 €). El jersey cuesta 25 €, por lo tanto, el abrigo cuesta 30 €. La cazadora cuesta igual que el abrigo, por lo tanto, 30 €, quedan 25 € para el pantalón (55 − 30 = 25). **Página 13,** colorea la pista 5.

ENIGMA 6 — LOS INTRUSOS

Salatinawa quiere ser piloto de transbordador espacial. ¡Hay que ser muy fuerte en mates para ejercer esta profesión!
Antes de pasar las pruebas que permiten entrar en la escuela de pilotos, se entrena regularmente para desarrollar sus capacidades. Este es uno de sus ejercicios preferidos.
Salatinawa ha encontrado la solución en menos de 4 minutos.
¡Te toca a ti!

Busca al intruso en cada serie.

Serie 1
12 - 18 - 16 - 24 - 21 - 28 - 32

Serie 2
15 - 105 - 200 - 45 - 206 - 70

Serie 3
18 - 6 - 9 - 66 - 23 - 12 - 27

▶ Suma los 3 intrusos que acabas de encontrar:

 +  +  =

Página 13, busca la letra que se encuentra en la casilla coloreada.

▶ El resultado tiene que estar en la tabla. Colorea su casilla.

W	375	**Q**	47	**I**	601
V	9	**G**	368	**O**	112
A	250	**E**	70	**D**	279

1. Piensa en los números pares e impares.
2. Piensa en los múltiplos de 3 y de 5.

Respuesta: El resultado es 250. Serie 1: números pares, excepto el 21; serie 2: múltiplos de 5, excepto el 206; serie 3: múltiplos de 3, excepto el 23. Total: 21 + 206 + 23 = 250. **Página 13,** colorea la pista A.

ENIGMA 7 — LA PARED BICOLOR

Para pintar esta pared, el señor Pastel ha utilizado pintura verde y pintura roja. El pintor ha utilizado 2 litros de pintura verde.

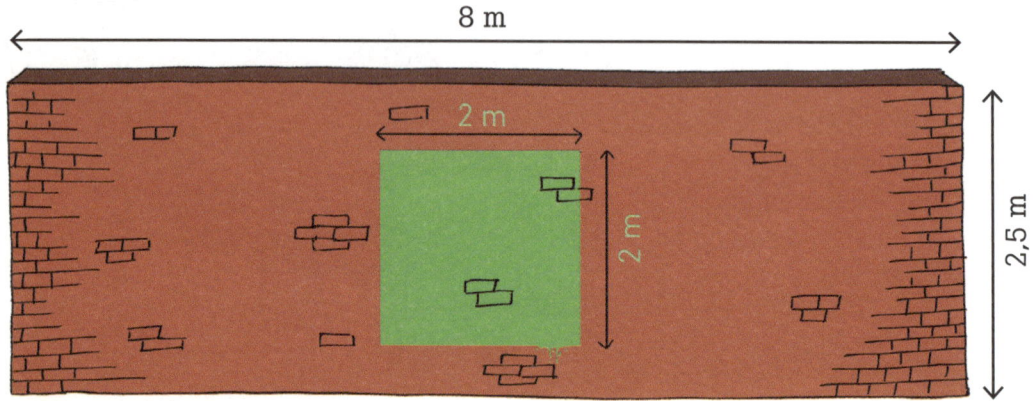

¿Cuántos litros de pintura roja ha empleado?

Calcula la respuesta y después colorea la casilla correspondiente en esta tabla.

I	0,5 L	V	15 L	C	1,5 L
D	120 L	K	4 L	M	8 L
U	7 L	F	6 L	E	2 L

Página 13, busca la letra que se encuentra en la casilla coloreada.

PISTAS
1. Calcula la superficie total de la pared y después la superficie verde. Una operación muy sencilla te permitirá conocer la superficie roja.
2. ¿Cuántos m² puedes pintar con un litro de pintura?

Respuesta: Ha utilizado 8 litros de pintura roja. La superficie de la pared es de: 8 × 2,5 = 20 m²; la superficie verde es de: 2 × 2 = 4 m²; por lo tanto, la superficie roja es de: 20 m² − 4 m² = 16 m². Se necesitan 2 litros de pintura verde para pintar 4 m²; por lo tanto, 1 litro para 2 m². La superficie roja es de 16 m², por lo tanto, 8 litros de pintura de pintura. **Página 13**, colorea la pista M.

12

En la guarida del brujo

El gran hechicero Demoniak es un especialista en pociones mágicas. Todos los frascos que guarda celosamente en su taller se presentan a continuación.
Hoy, Demoniak tiene que preparar una poción de larga vida.
Sabe que tiene que utilizar solo 3 frascos, que tendrá que vaciar por completo para llenar una botella en la que caben exactamente 1,5 litros.
¿Cuáles son los 3 frascos que va a utilizar? ¡Misterio!

Para descubrir 2 de los 3 frascos, colorea en los círculos siguientes las letras de las respuestas que has obtenido en los enigmas 1 a 7. Los círculos totalmente coloreados te indican los frascos que debes elegir.

Precisa aquí los contenidos y las capacidades de los 2 frascos gracias a tus respuestas y encuentra el 3.er frasco. Comprueba tu respuesta.

	CONTENIDO	CAPACIDAD
Frasco 1		
Frasco 2		
Frasco 3		
		= 1,5 LITROS

Respuesta: Hay que utilizar los frascos de 75 cl + 50 cl + 25 cl = 150 cl, o sea 1,5 litros.

ENIGMA 8
LA FÁBRICA DE PAPÁ NOEL

¡**N**o se bromea en la fábrica de Papá Noel! Las trabajadoras se afanan día y noche para llenar el cuévano del jefe…

2 trabajadoras trabajan juntas para fabricar un juguete en 15 minutos.

¿Cuántos juguetes podrán fabricar 40 trabajadoras en 1 hora?

Colorea en esta tabla la casilla que corresponde a la respuesta correcta.

D	7	E	40	H	26
Q	780	J	3	U	104
I	320	R	80	X	209

Página 21, busca la letra que se encuentra en la casilla coloreada.

PISTAS
1. Empieza por buscar cuántos juguetes fabrican 2 trabajadoras en 1 hora.
2. ¿Cuántos grupos de 2 trabajadoras hay en 40 trabajadoras?

Respuesta: 40 trabajadoras fabrican 80 juguetes en 1 hora. 2 trabajadoras hacen 1 juguete en 15 minutos, o sea 4 juguetes en 1 hora. 40 trabajadoras = 20 x 2 trabajadoras, o sea 20 x 4 juguetes = 80 juguetes. **Página 21**, busca la pista R.

ENIGMA 9
CANICAS DE MÁS Y CANICAS DE MENOS

A las 10 horas, Lea tiene una bonita colección de canicas.
A las 12 horas, juega la primera partida y pierde 12 canicas.
A las 15 horas, juega una nueva partida y gana 7 canicas.
Le quedan 15 canicas.

¿Cuántas canicas tenía a las 10 horas?

Colorea en esta tabla la casilla que corresponde a la respuesta correcta.

H	18	P	29	I	765
U	3	J	51	F	20
V	234	L	15	Z	19

Página 21, busca la letra que se encuentra en la casilla coloreada.

PISTAS

1. Después de las dos partidas, ¿Lea tiene más o menos canicas que antes de jugar?
2. Lea ha perdido 12 canicas y después ha ganado 7. Por lo tanto, ha perdido 5 canicas. Esto debería permitirte saber cuántas tenía a las 10 horas…

Respuesta: Lea tenía 20 canicas a las 10 horas. Ha perdido 12 y después ha ganado 7, por lo tanto, ha perdido 12 − 7 = 5. Todavía le quedan 15 canicas después de haber perdido 5; por lo tanto, tenía 15 + 5 = 20. **Página 21,** busca la pista F.

ENIGMA 10

¡LOS EXTRATERRESTRES ESTÁN AHÍ!

5 extraterrestres acaban de llegar a la Tierra. Tienen la intención de visitar nuestro planeta, pero deben hacerlo deprisa: ¡no tienen mucho tiempo! En efecto, nuestro aire no les va bien y tienen que respirar un gas especial contenido en botellas a presión.
Una botella permite a un visitante respirar durante 48 horas.
El pequeño grupo solo dispone de 15 botellas.

¿Al cabo de cuánto tiempo los visitantes tendrán que regresar a su planeta?
Atención: ¡hay diferentes maneras de encontrar la respuesta!

Colorea en esta tabla la casilla que corresponde a la respuesta correcta.

K 6 días	I 9 días	Q 1 mes
J 14 días	V 4 horas	L 13 días
X 10 años	N 3 min	D 16 días

PISTAS
1. ¿Cuántas botellas hay por visitante?
2. Si conoces el número de botellas por visitante, puedes saber cuánto tiempo puede quedarse en la Tierra.

Página 21, busca la letra que se encuentra en la casilla coloreada.

Respuesta: Tendrán que marcharse en 6 días. Hay 5 visitantes y 15 botellas, por lo tanto, 3 botellas por visitante. Una botella permite respirar 48 horas, es decir, 2 días. Con 3 botellas, cada visitante puede respirar 3 x 2 días = 6 días. **Página 21,** busca la pista K.

16

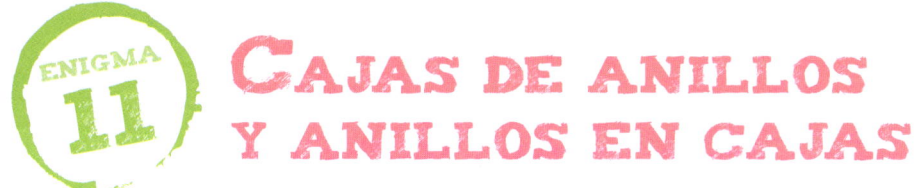

ENIGMA 11
CAJAS DE ANILLOS Y ANILLOS EN CAJAS

Lili tiene 6 anillos. Los reparte en 3 cajas: una roja, una azul y una violeta. Hay 2 veces más anillos en la caja azul que en la caja roja. Hay al menos un anillo en cada caja.

¿Cuántos anillos hay en la caja azul?

Colorea en esta tabla la casilla que corresponde a la respuesta correcta.

J	12	U	2	L	5
B	3	X	7	N	1
Z	4	O	9	E	6

Página 21, busca la letra que se encuentra en la casilla coloreada.

PISTAS

1. Puedes utilizar estos esquemas para dibujar los anillos en cada caja:

   caja roja   caja violeta   caja azul

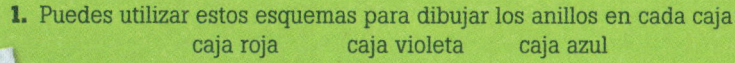

2. No olvides que Lili tiene 6 anillos, ¡ni uno más!

Respuesta: Hay 3 anillos en la caja azul. Caja roja = 1; 2 veces más en la caja violeta = 2; caja azul = 3; total = 6 anillos. ¡No existen más posibilidades! **Página 21**, busca la pista B.

17

ENIGMA 12

Extrañas igualdades

Mathis visita a su prima Anna. Está un poco preocupado porque Anna es una fanática de las matemáticas, como su abuela. Siempre intenta engañarlo con sus complicados enigmas.
Apenas Mathis llega, Anna se precipita hacia él. ¡Con un enigma, por supuesto!
¿Conseguirás resolverlo?

Completa las casillas de color con el número correcto.

uno = 3	3 + 4 = SE	uno x dos = 9
dos = 3	6 + 9 = QE	tres x cinco = 20
tres = 4	12 + ☐ = VE	seis x nueve = 20
cuatro = 6		cinco x nueve = ☐
cinco = ☐		
seis = 4		

▶ Suma los 3 números que acabas de obtener:

☐ + ☐ + ☐ = ☐

▶ El resultado tiene que estar en la tabla. Colorea su casilla.

L	7	V	54	N	18
W	38	Z	109	O	3
D	879	P	43	H	32

PISTAS

1. La palabra TRES puede corresponder a 4 si se cuenta en número de letras…
2. Una extraña manera de escribir los 6 primeros números: UO – DS – TS – CO – CO – SS.

Página 21, busca la letra que se encuentra en la casilla coloreada.

Respuesta: El resultado es 38. Serie 1: se indica el número de letras de la cifra, por lo tanto, cinco = 5. Serie 2: el resultado está indicado por la primera y la última letra del número. Por lo tanto, 12 + ? = VEINTE, es decir ? = 8. Serie 3: se multiplica el número de letras de cada cifra, es decir CINCO x NUEVE = 5 x 5 = 25. Total: 5 + 8 + 25 = 38. **Página 21,** busca la pista W.

18

ENIGMA 13
LA HUCHA DE ANITA

Anita tiene 18 € en su hucha. Decide volver a contar su pequeño tesoro. Se da cuenta de que hay tantas monedas de 1 € como monedas de 2 €.

¿Cuántas monedas tiene en la hucha?

Colorea en esta tabla la casilla que corresponde a la respuesta correcta.

O	9	A	12	Z	6
P	4	E	1	Q	26
H	72	U	31	D	7

Página 21, busca la letra que se encuentra en la casilla coloreada.

PISTAS

1. Puedes reproducir esta tabla para facilitar tu razonamiento:

Monedas 1 €	Monedas 2 €	Suma	Número de monedas
1	1	3 €	2
2	2	6 €	4

2. No olvides que Anita tiene 18 € en la hucha.

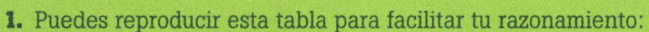

Respuesta: Anita tiene 12 monedas: 6 monedas de 1 € y 6 monedas de 2 € (6 € + 12 € = 18 €).
Página 21, busca la pista A.

ENIGMA 14

LETRAS Y CIFRAS

Hoy es Anna la que va a visitar a su primo Mathis.
Le ha traído un pequeño enigma en el que las cifras se ocultan detrás de las letras. Espera que su primo valorará el regalo y que comprenderá el objetivo principal de Anna: ¡mejorar la capacidad cerebral de su querido primo!

¡Si tú también quieres mejorar tu capacidad cerebral, este enigma está hecho para ti!

Detrás de cada letra, se oculta un número. La tabla «cifras» te da los valores de A, B y E. Faltan los valores de C, D y F.

Letras			Cifras			Lo que se puede escribir
A	B	C	2	7		AB = 27
D	E	F		9		B = 7 A + B = E

▶ Busca los valores de C, D y F utilizando las siguientes igualdades:

$B - A = D$ $E \times D = FD$ $E : C = C$

Escribe aquí el número CDF: ☐ ☐ ☐

▶ Este número debe estar en la tabla. Colorea su casilla.

N	534	X	618	O	301
D	610	P	418	E	601
T	354	Q	805	J	508

PISTAS

1. Dado que B vale 7 y A vale 2, ¡no resulta difícil encontrar el valor de D!
2. Si E : C = C, significa que C x C = E.

Página 21, busca la letra que se encuentra en la casilla coloreada.

Respuesta: El número es 354 (C = 3, D = 5, F = 4). **Página 21,** busca la pista T.

Las cifras misteriosas

Se acaba de encontrar una tablilla de terracota en la que hay signos grabados. Parecen igualdades...
¿Qué significan estos signos desconocidos? ¡Misterio!

Para comprender estos signos, colorea en la tabla de traducción las casillas que contienen las letras de las repuestas que has encontrado en los enigmas 8 a 14.
¡Si no encuentras tu letra en la tabla, es que tienes que revisar tu repuesta!

Tablilla

R ⬜ = 5	C ⌒ = 5	W ⊠ = 0
A ⌒ = 2	F ▯ = 7	M ▭ = 8
S ▯ = 2	G ⊙ = 9	B △ = 3
K ⊙ = 6	T ⌒ = 4	Y △ = 5

Tabla de traducción

La información dada por la tabla permite traducir esta escritura.
Indica la correspondencia entre el dibujo y la cifra.

0 ▸ ☐   2 ▸ ☐   8 ▸ ☐
5 ▸ ☐   7 ▸ ☐   4 ▸ ☐
1 ▸ ☐   3 ▸ ☐   9 ▸ ☐
6 ▸ ☐

Respuesta: 0 1 2 3 4 5 6 7 8 9

21

ENIGMA 15
LA TORRE DE CUBOS

Malika es una niña que mide exactamente 1,2 m. Intenta construir una torre de cubos que sea tan alta como ella. Como una torre formada por pisos de un cubo no es lo bastante estable, decide hacer pisos formados de la siguiente manera:
- 6 cubos para cada uno de los 10 primeros pisos;
- 4 cubos a partir del 11.º piso y hasta el 20.º piso;
- 1 solo cubo para los pisos siguientes.

Sabiendo que un cubo mide 5 cm de lado, ¿cuántos cubos necesitará para construir una torre tan alta como ella?

Colorea en esta tabla la casilla que corresponde a la respuesta correcta.

M	24	P	7	J	48
V	607	O	62	G	106
C	104	S	88	E	132

Página 31, busca la letra que se encuentra en la casilla coloreada.

1. Puedes empezar por calcular el número de pisos necesarios para hacer una torre de 1,2 m (es decir 120 cm). No olvides que cada piso tiene la altura de un cubo, es decir 5 cm.
2. Si has encontrado el número total de pisos, puedes saber cuántos pisos hay de 6 cubos, después de 4 cubos y finalmente de 1 cubo. Con esto, debes poder calcular el número total de cubos.

Respuesta: La torre tiene 104 cubos. Tiene que haber 120 : 5 = 24 pisos. Por lo tanto, 10 pisos de 6 cubos (60 cubos) + 10 pisos de 4 cubos (40 cubos) + 4 pisos de 1 cubo (4 cubos), es decir, un total de: 60 + 40 + 4 = 104 cubos. **Página 31**, busca la pista C.

ENIGMA 16 — TEMPLOS, BUDAS... Y UN ELEFANTE

Un escultor tailandés trabaja en la montaña. Esculpe budas y templos de piedra. Para transportar sus esculturas hasta el mercado de la ciudad, utiliza a Pipotekawa, un elefante que puede tirar de una carga máxima de 1 tonelada. Cada templo pesa 400 kilos y cada buda pesa 300 kilos. El escultor ha esculpido 6 templos y 8 budas. Quiere transportarlos a la ciudad.

¿Cuántos viajes tendrá que hacer con Pipotekawa?

Colorea en esta tabla la casilla que corresponde a la respuesta correcta.

E 1	Q 2	K 3
Y 4	T 5	P 6
J 7	V 8	F 9

Página 31, busca la letra que se encuentra en la casilla coloreada.

PISTAS

1. Puedes hacer una tabla para anotar la carga de cada viaje. No olvides precisar el peso de cada carga.
2. Este es el inicio de la tabla:

	Templos	Budas	Peso total
Viaje 1	1	2	1.000
Viaje 2	1	2	1.000

3. Carga lo máximo posible, pero no pases de 1 tonelada.

Respuesta: Hará 5 viajes. Tiene que hacer 4 viajes con 1 templo y 2 budas (es decir, 4 templos y 8 budas) y después un quinto viaje con los 2 últimos templos. **Página 31**, busca la pista T.

ENIGMA 17 — ¡MÁS INTRUSOS!

Hoy, Mathis espera con pie firme a su prima Anna. Ha encontrado un enigma especialmente difícil y espera que su prima (que es una especialista en matemáticas) no consiga resolverlo.
¿Podrás tú encontrar la respuesta?

¡Venga Anna, no te hagas la lista!

Hay un intruso en cada serie. Rodéalo con un círculo.

Serie 1 : 147 – 221 – 109 – 156 – 323 – 425 – 13
Serie 2 : 25 – 4 – 21 – 81 – 49 – 9 – 64 – 36
Serie 3 : 5 – 320 – 105 – 245 – 390 – 715 – 407

▶ Suma los 3 intrusos que acabas de encontrar:

☐ + ☐ + ☐ = ☐

▶ El resultado tiene que estar en la tabla. Colorea su casilla.

F 235	R 56	L 902
E 46	Q 457	X 584
K 1.006	Y 96	G 345

Página 31, busca la letra que se encuentra en la casilla coloreada.

PISTAS
1. Para la serie 2, piensa en los cuadrados (25 es el cuadrado de 5 porque 5 x 5 = 25).
2. Piensa en los números que son divisibles por 5. ¿Por qué cifras tienen que terminar?

Respuesta: El número es 584. Serie 1: todos son impares excepto 156; serie 2: todos son cuadrados excepto 21; serie 3: todos son divisibles por 5 excepto 407. Total: 156 + 21 + 407 = 584. **Página 31**, busca la pista X.

24

ENIGMA 18 — ¡A BEBER!

Imagina…
Viajas con 4 exploradores. Una tormenta se ha llevado los mapas y estáis perdidos en el desierto. Todavía os quedan 6 cantimploras llenas. Una cantimplora permite llenar 20 vasos y cada uno de vosotros bebe 2 vasos al día. Pero hay que aguantar…

¿Al cabo de cuánto tiempo ya no tendréis agua?
Atención: ¡hay diferentes maneras de encontrar la respuesta correcta!

La respuesta correcta está en esta tabla. Colorea su casilla.

G	4 días	S	1 semana	N	3 meses
F	3 horas	R	2 años	L	14 días
B	12 días	E	2 siglos	J	27 días

Página 31, busca la letra que se encuentra en la casilla coloreada.

PISTAS

1. Puedes empezar por buscar el número de vasos que se pueden llenar con 6 cantimploras…
2. Busca el número de vasos que cada persona puede beber en total. Esto te permitirá saber cuántos días durará la reserva de agua.
¡No olvides que tú también bebes agua!

Respuesta: Al cabo de 12 días, ya no habrá agua. 6 cantimploras = 6 × 20 vasos = 120 vasos, es decir 24 vasos por persona; 24 : 2 = 12 días. **Página 23,** busca la pista B.

ENIGMA 19

Un bonito paseo

Samuel, Noa y Marie han plantado sus tiendas en un bonito enclave del campo. Cada mañana, van a tomar una ducha bien fría bajo la cascada.
Los 3 amigos han encontrado diferentes senderos para ir de la tienda a la cascada. Han anotado el tiempo que tardan (en minutos) para ir de un punto al otro.

Para terminar, han dibujado este plano:

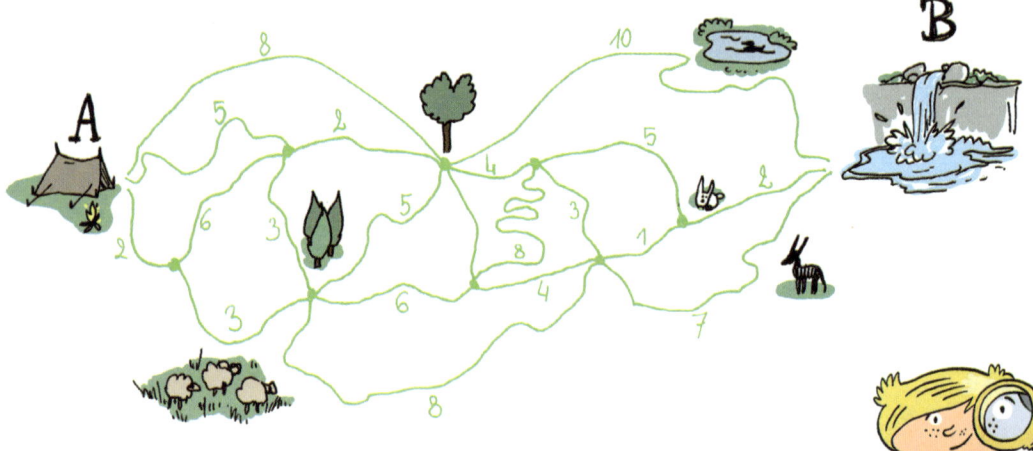

¿Cuál es el itinerario que permite ir lo más rápidamente posible de las tiendas a la cascada?

Calcula el tiempo de marcha correspondiente a este itinerario, y después colorea tu resultado en la tabla.

J 1 hora	V 10 min	O $\frac{1}{2}$ hora
G 1 h 30 min	S 1 día	N $\frac{3}{4}$ de hora
A $\frac{1}{4}$ de hora	F 40 min	K 8 min

Página 31, busca la letra que se encuentra en la casilla coloreada.

PISTAS

1. Utiliza diferentes colores para trazar los itinerarios en el mapa. Anota el tiempo correspondiente a cada itinerario.
2. Una duración puede escribirse en cifras (30 minutos) o en letras (media hora).

Respuesta: 15 minutos = un cuarto de hora (5 + 2 + 1 + 4 + 1 + 2 = 15). **Página 31,** busca la pista A.

PASTELES PARA LOS GOLOSOS

ENIGMA 20

Un pastelero tarda 6 minutos en fabricar 2 pasteles. De repente, llega un pedido grande: ¡hay que fabricar 60 pasteles lo más rápidamente posible!
¡No hay tiempo que perder, el pastelero se pone de inmediato a trabajar!

¿Cuánto tiempo tardará el pastelero en fabricar estos 60 pasteles?
Atención: ¡hay diferentes maneras de encontrar el resultado!

La respuesta correcta está en esta tabla. Colorea su casilla.

K 2 horas	Y 1 h 30 min	P 1 hora
J 360 min	V 4 horas	O 15 min
G 2 h 45 min	L 120 min	Z 3 horas

Página 31, busca la letra que se encuentra en la casilla coloreada.

PISTAS
1. Puedes buscar el tiempo que tarda el pastelero para fabricar 1 pastel…
2. Si has obtenido el resultado en minutos, tienes que convertirlo en horas para encontrarlo en la tabla…

Respuesta: El pastelero tardará 3 horas (180 minutos). Fabrica 2 pasteles en 6 minutos, o sea 1 pastel en 3 minutos. Por lo tanto, necesita 60 x 3 minutos = 180 minutos = 3 horas. **Página 31,** busca la pista Z.

27

ENIGMA 21
EL «CUADRADO AZUL»

Un artista ha pintado un gran cuadro totalmente azul. Lo ha llamado «El cuadrado azul», porque su cuadro es cuadrado y tiene una superficie de 4 m².

Una noche, una terrible tormenta causa una inundación en el taller del artista. El cuadro, que estaba colocado en el suelo, se estropea. Entonces, el artista tiene que cortar una franja de 20 cm para eliminar la parte del cuadro que se ha estropeado por el agua. ¡El problema es que ahora el cuadro ya no es cuadrado! Así que el artista decide cortar una nueva franja para que el cuadro vuelva a ser cuadrado.

Después de este último corte, «El cuadrado azul» vuelve a ser cuadrado. Pero, ¿cuál es su superficie?

Colorea en esta tabla la casilla que corresponde a la superficie correcta.

L 61 m²	E 2,75 m²	Q 4,50 m²
K 14 cm²	Y 15 m²	D 3,24 m²
P 3,56 m²	J 1,02 m²	N 94 cm²

Página 31, busca la letra que se encuentra en la casilla coloreada.

PISTAS

1. Dado que conoces la superficie del cuadro antes de la tormenta, puedes encontrar fácilmente la longitud de un lado. Recuerda: ¡el área de un cuadrado = L x L!
2. Haz un dibujo que represente «El cuadrado azul». Marca el primer corte y después el segundo. ¿Cuáles son las nuevas dimensiones del cuadro?

Respuesta: 3,24 m². Dimensiones antiguas: 2 m de lado (porque tiene 4 m² de superficie, es decir 2 m x 2 m). Primer corte: 2 m y 1,80 m. El cuadro es rectangular. Segundo corte: 1,80 m y 1,80 m. El cuadro vuelve a ser cuadrado. Superficie: 1,8 x 1,8 = 3,24 m². **Página 31,** busca la pista D.

¡POBRES ANIMALES!

Toda la familia Durand se ha marchado de vacaciones y ha olvidado el perro, el gato y el loro en el garaje. ¡Pobres animales!
Por suerte, estos animales son inteligentes. Consiguen abrir el armario y sacar 2 bolsas de croquetas Bonipel.
- El loro come 25 g de croquetas cada día.
- El gato come 50 g al día.
- El perro come dos veces más que el gato y el loro juntos.

Sabiendo que cada bolsa pesa 1,8 kg, ¿cuánto tiempo podrán esperar el regreso de la familia?

Colorea en esta tabla la casilla que corresponde a la respuesta correcta.

N	2 días	F	14 días	R	20 min
L	5 años	E	23 días	H	16 días
Q	7 min	K	1 mes	O	12 días

Página 31, busca la letra que se encuentra en la casilla coloreada.

1. Busca primero el peso total de las croquetas que se comen cada día los 3 animales. Después, piensa…
2. Para encontrar la respuesta, necesitas 2 informaciones: el peso total de croquetas contenido en las 2 bolsas y el peso que se comen los animales cada día.

Respuesta: Pueden esperar 16 días. Cada día, los animales comen: 25 + 50 + 150 = 225 g. 2 paquetes = 1,8 kg x 2 = 3,6 kg = 3.600 g. Número de días = 3.600 : 225 = 16. **Página 23**, busca la pista H.

UNA BUENA HERENCIA

Un banquero quiere repartir su fortuna entre sus tres hijos. Abre su cofre y extiende todo lo que contiene en una mesa. Ante él, hay: 35 monedas de plata; 27 monedas de oro; 4 diamantes.

El banquero está un poco inquieto: ¿cómo repartir 4 diamantes haciendo 3 partes iguales? Reflexiona y se conecta a Internet. Se entera de lo siguiente:

- 1 moneda de oro tiene el mismo valor que 4 monedas de plata;
- 1 diamante tiene el mismo valor que 10 monedas de oro;
- 1 moneda de plata vale 100 euros.

«¡Ya lo tengo!», exclama de repente el banquero.
«¡Ya sé cómo repartir mi fortuna haciendo 3 partes iguales!»

¿Has descubierto cómo va a proceder el banquero para hacer el reparto?

Calcula el valor de la parte de cada hijo en euros y después colorea en esta tabla la casilla que corresponde a la respuesta correcta.

W 10.100 €	O 6.578 €	G 17 €
S 248 €	N 123.700 €	F 678 €
R 4 €	L 12.400 €	Q 16.500 €

Página 31, busca la letra que se encuentra en la casilla coloreada.

1. Dado que una moneda de oro vale 4 monedas de plata, ¿cuánto valen 27 monedas de oro?

2. Transforma los diamantes en monedas de oro y después en monedas de plata. ¡A continuación, reparte todas las monedas de plata!

Respuesta: Cada hijo recibirá 10.100 €. El banquero tiene: 35 monedas de plata; 27 monedas de oro, es decir 27 x 4 = 108 monedas de plata; 4 diamantes, es decir 4 x 10 = 40 monedas de oro, es decir 40 x 4 = 160 monedas de plata. El valor total es pues de 35 + 108 + 160 = 303 monedas de plata o sea 101 monedas de plata por hijo, o sea 101 x 100 (valor de la plata) = 10.100 €. **Página 31,** busca la pista W.

30

El cuadrado mágico

MISTERIO RESUELTO ENIGMAS 15 A 23

Alberto Durero es un pintor alemán del Renacimiento. Ha colocado un cuadrado mágico en la parte superior derecha de su cuadro «Melancolía I», pintado en 1514.

2	7	6
9	5	1
4	3	8

▶ 15
▶ 15
▶ 15

15 ▼ ▼ ▼ ▶ 15
   15 15 15

Este es un ejemplo simplificado de cuadrado mágico. Si se suman los números en línea, en columna y en diagonal, siempre se obtiene el mismo resultado ¡Mágico!

Ahora veamos el gran cuadrado mágico de Durero. Para llenarlo, rodea con un círculo en la tabla las pistas de las letras de las casillas que has coloreado en los enigmas 15 a 23. Escribe el número correspondiente en el cuadrado mágico de Durero, en la casilla situada en el mismo lugar que en la tabla.

Cuadrado mágico de Durero

▶ 34
▶ 34
▶ 34
▶ 34

34 ▼ ▼ ▼ ▼ ▶ 34
   34 34 34 34

Tabla de pistas

W=16	X=3	M=8	Z=13
C=5	E=4	A=11	F=3
B=9	G=1	J=5	T=10
K=9	H=15	D=14	L=8

¡No esperes que el cuadrado esté completo para comprobar las respuestas! ¡Haz la suma en cuanto una línea, una columna o una diagonal estén completas!

Respuesta: Este es el cuadrado de Durero completo (todas las líneas, columnas o diagonales suman 34):

16	3	2	13
5	10	11	8
9	6	7	12
4	15	14	1

31

¡PIRÁMIDES!

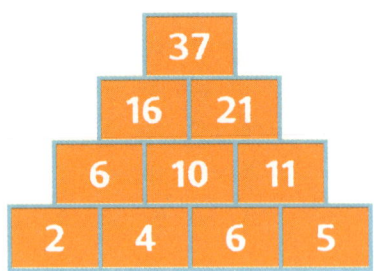

Observa bien este ejemplo: la pirámide está formada por rectángulos apilados. Hay un número en cada rectángulo. Este número debe ser la suma de los 2 números colocados en los 2 rectángulos justo debajo.

¡Ahora te toca a ti completar estas tres pirámides!

▶ Suma las 3 casillas naranja que acabas de completar:

☐ + ☐ + ☐ = ☐

▶ El resultado tiene que estar en la tabla. Colorea su casilla.

A	72	Z	7	J	643
C	215	H	96	X	54
F	3.423	B	310	T	198

Página 37, busca la letra que se encuentra en la casilla coloreada.

1. Empieza por los números que puedes encontrar en cada pirámide: por ejemplo, si tenemos 9 + 4 = ? o si tenemos 9 + ? = 13.
2. No tienes que respetar ningún orden para completar las casillas. Se completan a medida que se puede.

Respuesta: El resultado es 310 (103 + 99 + 108). **Página 37**, busca la pista B

ENIGMA 25
A PIE, A CABALLO O EN COCHE

Tres turistas deciden ir de Toyoyo a Tayaya con medios de locomoción diferentes.
- Katia se marcha a pie. Se mete por senderos pequeños que le permiten cortar a través de la montaña y el bosque. Su velocidad media es de 5 km/h.
- Teo se marcha a caballo. Su itinerario es más largo que el de Katia, pero va el doble de deprisa que ella.
- Cynthia se marcha en coche. Circula por una carretera muy frecuentada que rodea bosques y montañas. Su velocidad media es 8 veces superior a la de Katia.

Los 3 turistas se marchan al mismo tiempo de Toyoyo y…, ¡llegan al mismo tiempo a Tayaya!
—¡Vamos al restaurante a recuperar fuerzas! —propone Katia.
—Primero tengo que llevar al caballo al establo —dice Teo. ¡Acaba de recorrer 40 km!

¿Cuántos kilómetros ha recorrido Cynthia con su coche?

Colorea en esta tabla la casilla que corresponde a la respuesta correcta.

Z 25 km	W 160 km	J 12 km
L 245 km	D 3 km	N 89 km
Y 64 km	G 870 km	V 9 km

Página 37, busca la letra que se encuentra en la casilla coloreada.

 **PISTAS**
1. Dado que Teo ha hecho 40 km, puedes calcular cuánto tiempo ha durado su trayecto.
2. Katia camina a una velocidad media de 5 km/h y Cynthia circula 8 veces más deprisa. El viaje de Cynthia ha durado el mismo tiempo que el de Teo…

Respuesta: Cynthia ha recorrido 160 km. Teo va el doble de deprisa que Katia, por lo tanto, va a 2 x 5 = 10 km. Recorre 40 km, por lo tanto, el viaje ha durado 4 h. Cynthia va 8 veces más deprisa que Katia, por lo tanto, circula a 5 = 40 km/h.
El viaje de Cynthia también ha durado 4 h, por lo tanto, ha recorrido 4 x 40 km = 160 km.
Página 37, busca la pista W.

33

UNA HISTORIA DE AVESTRUCES

Este enigma transcurre en una granja de avestruces.

Por la mañana, hay la misma cantidad de avestruces machos que avestruces hembras.

A mediodía, el granjero compra 8 avestruces hembras.

Por la tarde, vende 5 avestruces machos.

Ahora hay 35 avestruces en su granja.

¿Cuántos avestruces machos había por la mañana?

Colorea en esta tabla la casilla que corresponde a la respuesta correcta.

J	8	L	9	A	14
E	7	M	16	Q	25
C	2	H	35	X	19

Página 37, busca la letra que se encuentra en la casilla coloreada.

PISTAS

1. El granjero compra 8 avestruces y después vende 5 avestruces: por lo tanto, hay 3 avestruces más que por la mañana.

2. Por la tarde, tiene 35 avestruces. 3 más que por la mañana. Por lo tanto, por la mañana tenía…

Respuesta: Por la mañana, tenía 16 avestruces machos (¡y 16 avestruces hembras!). Compra 8 avestruces y vende 5, por lo tanto, tiene 3 más que por la mañana. 35 avestruces por la tarde, por lo tanto, $35 - 3 = 32$ avestruces por la mañana. La misma cantidad de machos que de hembras, por lo tanto, $32 : 2 = 16$ machos + 16 hembras.

Página 37, busca la pista M.

ENIGMA 27
LETRAS Y CIFRAS (BIS)

Aquí tenemos de nuevo a Mathis y su prima Anna. ¡Esta vez, el muchacho está harto y espera poner en dificultades a la señorita! Para ello, ha encontrado también un enigma que mezcla las letras y las cifras. ¡No es fácil!

Sin embargo, encontrar la solución no es tan complicado: hay que leer bien las explicaciones y… ¡pensar!

Detrás de cada letra, se oculta una cifra. La tabla «cifras» te da los valores de B, C y E. Faltan los valores de A, D y F.

Letras			Cifras			Lo que se puede escribir
A	B	C		3	5	B = 3 BE = 38
D	E	F		8		E = 8 C + B = E

▶ Busca los valores de A, D y F utilizando las siguientes igualdades:

E − B = B + F   E : F = C − A   FA = B x D

Escribe aquí el número ADF:

▶ Este número debe estar en la tabla. Colorea su casilla.

L 609	A 764	Z 712
F 564	T 594	D 465
R 172	N 196	Y 906

PISTAS
1. Escribe cada igualdad en letras y después sustituye por cifras las letras cuyo valor conoces.
2. La primera igualdad permite encontrar fácilmente F.

Página 37, busca la letra que se encuentra en la casilla coloreada.

Respuesta: El número es 172 (A = 1, D = 7, F = 2). **Página 37,** busca la pista R.

35

ENIGMA 28
¡ABUELA INGENIOSA!

La abuela Lola ha hecho una bonita tarta de fruta. Mathis y Anna se precipitan para probarla.
—¡Quiero la mitad! —exclama Mathis.
—¡Y yo me comeré la otra mitad! —replica Anna.
¡Lola no está de acuerdo!
—No os podéis comer una ración de 400 g cada uno, ¡es demasiado! —dice la abuela—. Hay que repartirla mejor. Anna se comerá la cuarta parte de la mitad y Mathis tendrá la mitad de la cuarta parte.
Los dos niños se quedan un poco preocupados. ¿A cuál de los dos le tocará la ración mayor?

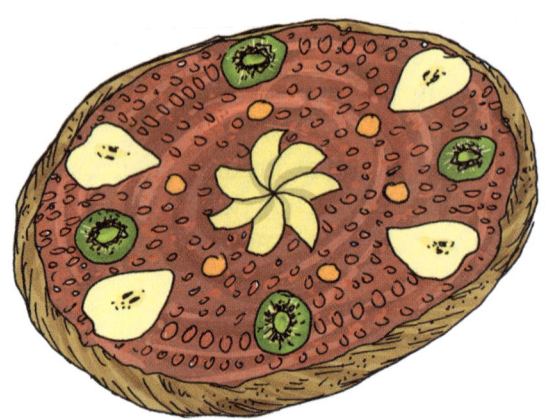

Calcula el peso correspondiente a la parte de cada niño.

Este número debe estar en la tabla. Colorea su casilla.

A	350 g	Z	45 g	J	2 kg
P	100 g	G	175 g	V	320 g
E	250 g	Q	125 g	C	75 g

Página 37, busca la letra que se encuentra en la casilla coloreada.

1. Utiliza el dibujo de la tarta para trazar la división y comparar las partes.
2. Para encontrar la parte de Mathis, empieza por dividir la tarta en 4.
3. Puedes utilizar tus conocimientos sobre los quebrados.

Respuesta: A cada niño le corresponden 100 g. La tarta pesa 800 g (2 x 400 g). Anna toma ½ de ¼ de la tarta: ¼ de 800 g = 200 g, ½ de 200 g = 100 g. Mathis toma ¼ de ½ de la tarta: ½ de 800 g = 400 g, ¼ de 400 g = 100 g. **Página 37,** busca la pista P.

El planeta de los gubioles

MISTERIO RESUELTO ENIGMAS 24 A 28

Acaba de descubrirse un nuevo planeta. Está poblado solamente por gubioles, una especie de monitos todos idénticos. Solo el color de los ojos permite diferenciarlos. ¿Cuántos gubioles hay en este planeta? ¡Misterio!
Un científico ha censado al conjunto de la población de gubioles. Después, los ha agrupado por el color de los ojos. Por desgracia, se le han borrado una gran parte de los datos.
¿Podrás recuperarlos?

Para conocer el número total de gubioles, rodea con un círculo en esta lista de pistas las letras de las respuestas que has encontrado en los enigmas 24 a 28.

- **B.** $\frac{4}{12}$ tienen los ojos amarillos.
- **A.** $\frac{3}{4}$ tienen los ojos amarillos.
- **W.** $\frac{3}{12}$ tienen los ojos rojos.
- **Z.** 200 tienen los ojos rojos.
- **M.** 300 tienen los ojos grises.
- **S.** $\frac{5}{3}$ tienen los ojos grises.
- **R.** $\frac{2}{12}$ tienen los ojos azules.
- **J.** 850 tienen los ojos azules.
- **P.** 100 tienen los ojos negros.
- **L.** $\frac{2}{5}$ tienen los ojos negros.

Utiliza las pistas marcadas para completar esta tabla.

VERDES	AMARILLOS	ROJOS	GRISES	NEGROS	AZULES
$\frac{1}{12}$					

En total, hay _____ gubioles en este planeta.

¡GUBGUB!

Respuesta: Una vez pasadas las pistas a la tabla, hay que sumar los quebrados. Entonces se observa que verdes + amarillos + rojos + azules = $\frac{10}{12}$. Por lo tanto, quedan $\frac{2}{12}$ para «negros» y «grises». $\frac{2}{12} = \frac{1}{6}$ o sea $\frac{2}{12} \times 6 = \frac{12}{12} = 400 \times 6 = 2.400$ gubioles.

VERDES	AMARILLOS	ROJOS	GRISES	NEGROS	AZULES
$\frac{1}{12}$	$\frac{4}{12}$	$\frac{3}{12}$	300	100	$\frac{2}{12}$

300 + 100 = 400.

ENIGMA 29

UN GRAN MONTÓN DE DEPÓSITOS

El jefe de una empresa de transportes llama a 3 de sus conductores.
—Hay que transportar este lote de 36 depósitos al centro de recogida de residuos —dice—. Todos tienen el mismo tamaño y el mismo peso: 1 metro de lado y 250 kilos. Se pueden poner 2 depósitos uno sobre el otro, pero no más. ¿Quién quiere hacer este trabajo y con qué camión? ¡Solo hay que hacer un viaje!
—Yo —dice Aldo—. Me llevaré el Titán.
—¡Yo! —exclama Momo—. Con el Dino.
—¡Son unos inútiles! —exclama Pierrot—. Yo haré el transporte con el Goliat.
El jefe está un poco desesperado, ¡porque solo uno de sus conductores ha hecho bien el cálculo!

Camión	Dimensiones de la plataforma de carga L	l	Carga máxima autorizada
Titán	7 m	3 m	8 toneladas
Dino	5 m	3 m	12 toneladas
Goliat	6 m	3 m	10 toneladas

¿Cómo se llama este conductor bueno en mates?

Marca el nombre del conductor que podrá hacer el transporte con toda seguridad:

❏ A. Aldo ❏ E. Momo ❏ T. Pierrot

Página 43, busca la letra que se asocia al conductor que has elegido.

PISTAS
1. Puedes empezar por calcular el peso total de la carga. Esto quizá te permitirá eliminar a un conductor.
3. Se pueden apilar 2 depósitos, pero no más. Puedes calcular la superficie mínima de la plataforma de carga.

Respuesta: Pierrot es el que tiene razón. Número de depósitos: 36. Peso total: 36 x 250 = 9.000 kg = 9 t. Superficie mínima: cada depósito ocupa 1 m², por lo tanto, 36 m². Si se hacen montones de 2 depósitos, se disminuye la superficie a la mitad: 36 : 2 = 18 m². Titán: la plataforma es aceptable (21 m²), pero la carga es demasiado pesada. Dino: la plataforma es demasiado pequeña (15 m²). **Página 43**, busca la pista T.

ENIGMA 30 — UN NUEVO JUGADOR

Anna mira la televisión. Tiene un cuaderno y un lápiz a sus pies. Su primo Mathis pasa por su lado.
—¿Qué haces? —pregunta el chico.
—Miro un juego —explica Anna—. Pero tú sería mejor que fueras a jugar a las canicas, ¡es demasiado complicado para ti!
Mathis se siente humillado. Se sienta al lado de su prima, muy decidido a encontrar la respuesta antes que ella. ¿Encontrarás tú también la respuesta?

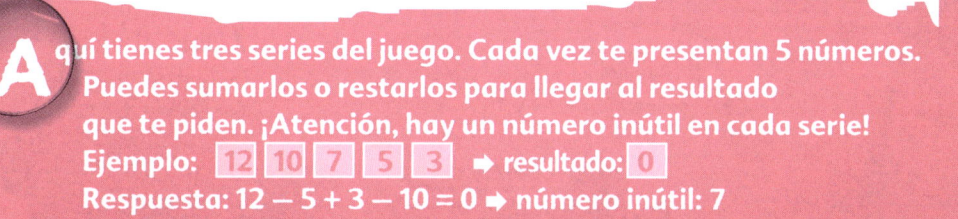

Aquí tienes tres series del juego. Cada vez te presentan 5 números. Puedes sumarlos o restarlos para llegar al resultado que te piden. ¡Atención, hay un número inútil en cada serie!

Ejemplo: 12 10 7 5 3 ➡ resultado: 0
Respuesta: 12 − 5 + 3 − 10 = 0 ➡ número inútil: 7

▶ Encuentra la secuencia de operaciones y después tacha el número inútil de cada serie.

Serie 1: 40 8 7 188 10 ➡ resultado: 150
Serie 2: 25 9 35 20 14 ➡ resultado: 0
Serie 3: 22 12 7 3 1 ➡ resultado: 20

▶ Suma los 3 números que acabas de tachar:

☐ + ☐ + ☐ = ☐

▶ El resultado tiene que estar en la tabla. Colorea su casilla.

F	21	R	43	A	109
E	409	S	7	D	76
G	48	L	673	Z	56

PISTAS
1. Puede ser útil empezar con el número más grande.
2. Haz las operaciones progresivamente para llegar al resultado final.

Página 43, busca la letra que se encuentra en la casilla coloreada.

Respuesta: El resultado es 43. Serie 1: 188 − 8 + 10 − 40 = 150, número inútil: 7; serie 2: 25 − 20 + 9 − 14 = 0, número inútil: 35; serie 3: 22 + 7 + 3 − 12 = 20, número inútil: 1. Total de los números inútiles: 7 + 35 + 1 = 43. **Página 43,** busca la pista R.

ENIGMA 31 — Los cocos

Sim y Sam cogen cocos para venderlos en el mercado. ¡No es fácil porque hay que trepar a los cocoteros! Sam consigue coger 15 cocos por hora, mientras que Sim solo coge 9. Además, está esta familia de monos que consigue robarles 1 coco cada cuarto de hora…

¡Atrápalo, Sam!

¡Ehhhhh!

¡Hu Hu Hu!

¡Corre, Bubú!
¡Corre, Bubú!
¡Corre, Bubú!

¿Cuántos cocos podrán vender los 2 amigos después de 3 horas de recogida?

Colorea en esta tabla la casilla que corresponde a la respuesta correcta.

D	24	M	60	A	136
E	2	S	659	H	56
N	77	F	24	G	112

Página 43, busca la letra que está en la casilla coloreada.

PISTAS
1. Empieza por calcular el número de cocos que cogen los chicos en 3 horas. ¡Después ocúpate de los monos!
2. ¿Cuántos cocos roban los monos cada hora?

Respuesta: 60 cocos. En 3 horas, Sam ha cogido 3 × 15 = 45 cocos Sim ha cogido 3 × 9 = 27 cocos. Esto hace un total de 45 + 27 = 72 cocos. En 3 horas, hay 3 × 4 = 12 cuartos de hora, por lo tanto, los monos han robado 12 cocos. Los chicos podrán vender 72 – 12 = 60 cocos. **Página 43,** busca la pista M.

ENIGMA 32
MUCHA GENTE EN LA BÁSCULA

4 niños se divierten subiéndose a la báscula de la farmacia.
La farmacéutica los mira con preocupación. ¡Ojalá no rompan nada! Esto es lo que indica la báscula en cada pesada:

Ahora, los 4 niños se suben juntos a la báscula.

¿Qué peso marcará el indicador? Atención: ¡hay diferentes maneras de encontrar la respuesta correcta!

Tu respuesta debe estar en esta tabla. Colorea su casilla.

S	204	C	156	D	37
F	987	A	29	E	143
J	166	P	99	H	135

Página 43, busca la letra que está en la casilla coloreada.

PISTAS
1. ¡Puedes encontrar la respuesta haciendo una sola suma!
2. Los 4 niños son (Malika y Nina) + (Fred y Auguste). ¡Mira bien los dibujos!

Respuesta: Los 4 niños pesan juntos 156 kg. Basta con sumar el peso de Malika + Nina y el de Fred + Auguste = 65 + 91 = 156 kg. **Página 43,** busca la pista C.

ENIGMA 33

ALÍ BABÁ Y LOS 6 LADRONES

Alí Babá ha ido a llenar un cofre a su famosa cueva.
¡Regresa a su casa con 1.200 monedas de oro!
Se encuentra con un ladrón que le dice: «¡Dame 1/3 de lo que tienes!»
Alí Babá le da lo que le reclama el ladrón y después continúa su camino.
Llega un segundo ladrón: «¡Dame ¼ de lo que tienes!»
Alí Babá se lo da y continúa su camino.
¡Pero se encuentra con un tercer ladrón! Este le dice: «¡Dame $\frac{1}{5}$ de lo que tienes!»
Un cuarto ladrón le sigue de cerca…: «¡Dame $\frac{1}{6}$ de lo que tienes!»
Y después un quinto: «¡Dame $\frac{1}{8}$ de lo que tienes!»
Por fin, un sexto le reclama: «¡Dame $\frac{1}{10}$ de lo que tienes!»
¡Pobre Alí Babá! ¿Qué se llevará a casa?

¿Cuántas monedas de oro le quedan después de este espantoso viaje?

Calcula la respuesta y después colorea la casilla correspondiente en esta tabla.

E	124	S	3	D	678
F	45	B	315	A	76
K	906	X	306	J	278

Página 43, busca la letra que está en la casilla coloreada.

PISTAS
1. El primer ladrón se lleva $\frac{1}{3}$ de 1.200 monedas, es decir 1.200 : 3 = 400 monedas. Por lo tanto, le quedan 1.200 − 400 = 800 monedas.
2. ¡No olvides quitar cada vez lo que se lleva el ladrón!

Respuesta: Le quedan 315 monedas. Ladrón 1: $\frac{1}{3}$ de 1.200 = 400, quedan 800. Ladrón 2: $\frac{1}{4}$ de 800 = 200, quedan 600. Ladrón 3: $\frac{1}{5}$ de 600 = 120, quedan 480. Ladrón 4: $\frac{1}{6}$ de 480 = 80, quedan 400. Ladrón 5: $\frac{1}{8}$ de 400 = 50, quedan 350. Ladrón 6: $\frac{1}{10}$ de 350 = 35, quedan 315. **Página 43,** busca la pista B.

El ataque del cibertontón

MISTERIO RESUELTO ENIGMAS 29 A 33

¡Alerta! Un Cibertontón ataca una base lunar. ¡Solo se pueden enviar 2 robots combatientes para enfrentarse a él y hay que elegirlos bien! Estos 2 combatientes pueden sumar sus F (fuerza). Esta fuerza común tiene que tener un valor superior a la fuerza del Cibertontón (= 88). Lo mismo ocurre para la R (rapidez = 74). ¿Qué combatientes hay que elegir? ¡Misterio!

F= 88
R= 74

En la lista de pistas siguiente, rodea con un círculo las letras de las respuestas a los enigmas 29 a 33. Cada pista te da un valor para 1 combatiente. Copia este valor debajo de su dibujo. Cuando tengas todos los valores, elige los 2 combatientes que puedan vencer al Cibertontón.

- **A.** rapidez C1 = 22
- **C.** rapidez C4 = 51
- **D.** rapidez C3 = 36
- **F.** fuerza C4 = 34
- **M.** rapidez C1 = 24
- **B.** fuerza C4 = 47
- **S.** fuerza C2 = 49
- **T.** fuerza C3 = 40
- **R.** fuerza C2 = 56

C1: F= 42 R= --
C2: F= -- R= 21
C3: F= -- R= 51
C4: F= -- R= --

¡Indica los números de los combatientes que has elegido y comprueba que has escogido bien!
Hay que elegir los combatientes n° _____ y n° _____.

Respuesta: Hay que elegir C1 y C4. Solo ellos pueden sumar sus valores para tener una fuerza y una rapidez superiores a las del Cibertontón.

ENIGMA 34

¡PIRÁMIDES BIS!

A ver qué enigmas se ocultan bajo esta pirámide...

¡Desde que Anna ha descubierto las pirámides matemáticas, no deja de construirlas! Su primo Mathis hace lo mismo, porque está seguro de que su prima lo va a retar en este terreno difícil. El chico está reflexionando sobre tres nuevas pirámides un poco más complicadas que las anteriores (ver enigma 24). Tiene problemas, pobre Mathis... ¿Puedes ayudarlo?

Completa estas tres pirámides.

Pirámide 1:
- 17, _, 19
- _, 6, _
- _, 2, 6, _

Pirámide 2:
- 42
- _, 21, _
- 11, _, _, _
- _, 2, _, 1, _

Pirámide 3:
- _, 12, _, 17
- _, _, _
- 5, _, 3, 4

▶ Ahora, suma las 3 casillas rojas que acabas de completar:

☐ + ☐ + ☐ = ☐

▶ El resultado tiene que estar en esta tabla. Colorea su casilla.

T 203	A 107	D 243
L 150	M 96	E 54
P 1.423	W 340	Q 297

PISTAS

1. Observa la base de la primera pirámide: 2 + 6 = ? y ? + 2 = 6. Fácil, ¿no?
2. La tercera pirámide es la más complicada. Para encontrar el número entre 5 y 3, tienes que comprender esta igualdad:
5 + 2 veces este número + 3 = 12.

Página 51, busca la letra que está en la casilla coloreada.

Respuesta: El número es 203 (64 + 84 + 55). **Página 51,** busca la pista T.

ENIGMA 35
UN ABUELO GENEROSO

Un abuelo generoso acaba de ganar 1.000 euros en la lotería. ¡A sus tres nietos, les gustaría tener una parte!

El ingenioso abuelo prepara entonces tres cartas como estas:

¿Cuánto va a darte tu generoso abuelo?

Da la vuelta a las cartas y propone a sus nietos echarlo a suertes. A cada uno, le corresponderá la parte que le salga.

Esto es lo que sacan los niños:

- Luis: $\frac{1}{4}$ de $\frac{1}{2}$ de $\frac{1}{5}$ de 1.000 euros;
- Maéva: $\frac{1}{2}$ de $\frac{1}{5}$ de $\frac{1}{4}$ de 1.000 euros;
- Jules: $\frac{1}{5}$ de $\frac{1}{4}$ de $\frac{1}{2}$ de 1.000 euros.

¿Cuál de los 3 recibirá más dinero?

Para comprobar tu respuesta, suma las cantidades recibidas por cada niño y colorea el total en esta tabla.

D	50 €	C	75 €	E	640 €
M	3 €	P	250 €	W	15 €
Q	1.000 €	H	12 €	S	750 €

Página 51, busca la letra que está en la casilla coloreada.

PISTAS
1. Recordatorio: $\frac{1}{5}$ de 1.000 = 1.000 : 5 = 200.
2. Recordatorio: $\frac{1}{2}$ de $\frac{1}{5}$ de 1.000 = $\frac{1}{2}$ de 200 = 100.
3. $\frac{1}{4}$ de $\frac{1}{2}$ de $\frac{1}{5}$ de 1.000 = $\frac{1}{4}$ de $\frac{1}{2}$ de 200 = $\frac{1}{4}$ de 100.

Respuesta: Los niños reciben en total 75 €. Todos reciben la misma cantidad: 25 € (por ejemplo, para Luis: $\frac{1}{5}$ de 1.000 = 200, $\frac{1}{2}$ de 200 = 100, $\frac{1}{4}$ de 100 = 25). **Página 51**, busca la pista C.

ENIGMA 36 — EL CABALLERO HÉCTOR

Héctor es un guapo caballero de la Edad Media. Un día, estornuda al pie de una montaña y… ¡una enorme roca gira, poniendo al descubierto una cueva llena de monedas de oro!
Héctor se apresura a sacar el mayor número posible de monedas. Empieza por llenar su casco (que puede contener 72 monedas de oro) y va a vaciarlo a los pies de su caballo. Ya ha ido y vuelto 5 veces cuando descubre un barreño en la cueva. ¡Este barreño puede contener el triple de monedas que su casco! Hace 7 viajes con el barreño y se da cuenta de repente de que puede poner el casco lleno de monedas encima del barreño, ¡con lo que puede transportar todavía más monedas por viaje! Hace así 3 viajes con el casco lleno colocado encima del barreño lleno.
¡De pronto, la puerta se cierra! Por fortuna, Héctor está en el exterior. ¡Ya está contando las monedas!

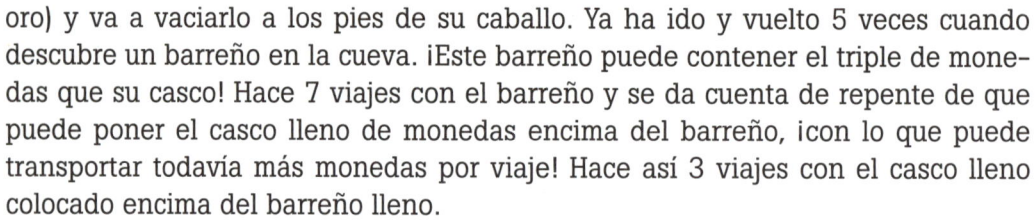

¿Puedes indicar con precisión el número de monedas que ha conseguido transportar?

Calcula el número de monedas recuperadas por Héctor y después colorea este número en la tabla.

E	7.480	W	324	P	1.612
Q	25	H	6.432	F	2.736
S	5.096	J	18.134	V	10.408

PISTAS
1. No olvides que el barreño puede contener el triple de monedas que el casco.
2. Cuando Héctor transporta el barreño + el casco, es como si transportara 4 cascos…

Página 51, busca la letra que está en la casilla coloreada.

Respuesta: Ha transportado 2.736 monedas de oro. En otras palabras: 5 viajes con el casco, o sea 5 cascos; 7 viajes con el barreño, o sea 7 x 3 = 21 cascos; 3 viajes con el barreño + el casco, o sea 3 x (3 + 1) = 12 cascos. En total, 5 + 21 + 12 = 38 cascos, o sea 38 x 72 = 2.736 monedas de oro. **Página 51**, busca la pista F.

ENIGMA 37

UUN NÚMERO DE MÁS

¿Y ahora, Anna?

Pan comido.

Esta vez, Mathis está seguro de haber encontrado algo que va a poner nerviosa a su prima Anna. Se trata de un enigma sobre los múltiplos. ¡Para resolverlo, hay que saberse bien las tablas de multiplicar! ¡A ver si lo consigues!

Completa cada tabla con los números que corresponden. Atención, cada vez hay un número (¡solo uno!) que no encontrará su lugar en la tabla.

▶ **TABLA 1.** Números que hay que colocar: 6 - 49 - 28 - 34 - 170 - 9 - 255.

	Múltiplo de **3**	Múltiplo de **5**	Múltiplo de **7**
Número Par			
Número Impar			

▶ **TABLA 2.** Números que hay que colocar: 54 - 81 - 75 - 140 - 82 - 88 - 77.

	Múltiplo de **5**	Múltiplo de **9**	Múltiplo de **11**
Número Par			
Número Impar			

▶ Suma los 2 números que has podido colocar y después colorea la casilla correspondiente a tu resultado en esta tabla.

W	128	H	46	Q	242
S	86	J	193	V	47
K	18	G	116	Y	128

PISTAS

1. Utiliza la tabla del 3 y la tabla del 7.
2. Recordatorio: un número divisible por 5 debe terminar por 0 o por 5.

Página 51, busca la letra que está en la casilla coloreada.

Respuesta: El número es 116 (34 + 82). **Página 51**, busca la pista G.

47

ENIGMA 38
UNA ABUELA UN POCO EXTRAÑA

Una abuela recibe a sus cuatro nietos para Navidad. Esta abuela es amable, pero un poco rara…

Pide a sus nietos que llenen la siguiente tabla:

Nombre	Edad	Peso	Estatura	Media en clase
Pepita	16	41	1 m 62	12/20
Tom	12	32	1 m 15	14/20
Nina	18	46	1 m 68	06/20
Alex	14	35	1 m 70	16/20

La abuela consulta la tabla, hace el cálculo y después reparte monedas de 2 € a sus nietos.

- Tom recibe 26 monedas de 2 €, o sea 52 €.
- Pepita recibe 28 monedas de 2 €, o sea 56 €.
- Nina recibe 48 € (24 monedas).

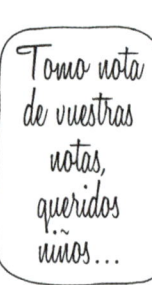

Tomo nota de vuestras notas, queridos niños…

Alex todavía no ha recibido sus monedas, pero ya sabe cuántos euros recibirá. ¿Lo sabes tú?

Calcula lo que recibirá Alex y después colorea la casilla correspondiente a tu resultado en la tabla.

H	45 €	J	24 €	S	157 €
V	804 €	K	6 €	B	60 €
Y	68 €	L	0 €	X	34 €

PISTAS

1. La abuela suma 2 números para saber lo que le va a dar a cada niño.
2. La abuela no se ocupa del peso ni de la estatura, sino de la edad y de la nota…

Página 51, busca la letra que está en la casilla coloreada.

Respuesta: Alex recibirá 60 €. La abuela hace el siguiente cálculo: (edad + nota) x 2 €. **Página 51**, busca la pista B.

ENIGMA 39

UNA BONITA OBRA DE ARTE

Para realizar esta bonita e imponente obra de arte (¡4 m por 5 m!), un artista ha utilizado 1 litro de pintura azul, 2 litros de pintura verde, 3 litros de pintura roja y 4 litros de pintura amarilla.

¿Puedes indicar rápidamente cuál es la superficie de la zona roja? ¡Atención, hay que hacer pocos cálculos!

Colorea en esta tabla la casilla que corresponde a la respuesta correcta.

J	2 m²	K	24 mv	V	4 m²
Y	13 m²	R	6 m²	L	9 cm²
A	4 km²	M	6 cm²	D	7 m²

Página 51, busca la letra que está en la casilla coloreada.

PISTAS
1. ¿Cuál es la superficie total del cuadro? ¿Cuántos litros de pintura ha utilizado el pintor para pintar esta superficie? ¿Qué puedes deducir de esto?
2. Busca primero cuál es la superficie pintada con 1 litro. ¡Después calcula la superficie que se ha pintado con 3 litros!

Respuesta: La zona roja tiene 6 m². La superficie total del cuadro es de 4 x 5 = 20 m². El pintor ha utilizado 10 litros de pintura, por lo tanto, 1 litro por 2 m². Ha utilizado 3 litros de pintura roja, por lo tanto 3 x 2 = 6 m². **Página 51**, busca la pista R.

ENIGMA 40 — LOS VETERINARIOS

Helena y Tony son veterinarios en un zoo. Tienen que pesar 4 animales para preparar un transporte en camión. Por desgracia, la balanza del zoo está estropeada. Afortunadamente, nuestros veterinarios son ingeniosos. Cada uno conoce su peso: 65 kg para Helena, 85 kg para Tony.

Fabrican un balancín grande con un tronco de árbol y hacen las siguientes constataciones:

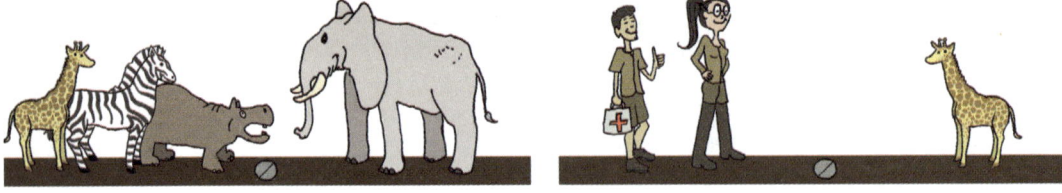

Los dos veterinarios ahora pueden calcular el peso total de los 4 animales.

Calcúlalo tú también y después colorea la casilla correspondiente a tu respuesta en la tabla.

K 148 kg	L 2.145 kg	Y 47 kg
A 2.657 kg	M 3 kg	Z 1.800 kg
X 1.679 kg	P 987 kg	E 96 kg

PISTAS

1. ¡Puedes saber fácilmente el peso de la jirafita!
2. ¡Si conoces el peso de la jirafita, puedes calcular fácilmente el peso de la cebra!

Respuesta: Su peso total es de 1.800 kg. Jirafita: 150 kg, cebra: 300 kg, hipopótamo: 450 kg, elefante: 900 kg. **Página 51**, busca la pista Z.

50

Pesadillas inglesas

MISTERIO RESUELTO ENIGMAS 34 A 40

Se ha realizado un estudio con 30.000 niños ingleses de 8 a 12 años de edad. Se les ha preguntado cuál es la pesadilla que más los ha impresionado. Estas han sido las respuestas:
- pesadilla 1 (P1): ser atacado por un monstruo;
- pesadilla 2 (P2): comer ranas vivas;
- pesadilla 3 (P3): perderse en un bosque por la noche;
- pesadilla 4 (P4): ser capturado por extraterrestres;
- pesadilla 5 (P5): encontrarse encerrado en el lavabo de la escuela;
- pesadilla 6 (P6): no tener boca.

De los 30.000 niños interrogados, ¿cuántos tienen miedo de ser capturados por extraterrestres?

¡Beuarp!

Para responder a esta pregunta, rodea con un círculo en esta lista de pistas las letras encontradas en los enigmas 34 a 40 y después completa la tabla.

A. $\frac{3}{4}$ tienen la P1.
B. $\frac{1}{5}$ tiene la P2.
C. 6.000 tienen la P2.
D. 2.850 tienen la P.
F. $\frac{1}{15}$ tiene la P6.
G. 3.000 tienen la P5.
H. $\frac{1}{4}$ tiene la P2.
J. $\frac{2}{3}$ tienen la P3.
R. $\frac{2}{15}$ tienen la P3.
T. $\frac{3}{8}$ tienen la P1.
W. 9.600 tienen la P5.
Z. Tienes todos los datos.

Pesadilla	P1	P2	P3	P4	P5	P6
Quebrado						
Número de niños						

Respuesta: 3.750 niños ingleses tienen miedo de ser capturados por extraterrestres.
Ejemplo para P1: $\frac{3}{8} = \frac{30.000 \times 3}{12} = 11.250$ niños.

Pesadilla	P1	P2	P3	P4	P5	P6
Quebrado	$\frac{3}{8}$	$\frac{1}{5}$	$\frac{2}{15}$	$\frac{1}{8}$	$\frac{1}{10}$	$\frac{1}{15}$
Número de niños	11.250	6.000	4.000	3.750	3.000	2.000

ENIGMA 41
LA CUENTA ES BUENA

Anna ha sudado mucho con los enigmas de Mathis. ¡Ha encontrado las soluciones, pero no ha sido nada fácil! Por lo tanto, la joven matemática decide vengarse de su primo proponiéndole una nueva serie de juegos. ¡Con números inútiles, además! Esta vez, está segura: ¡Mathis no lo superará!

¡Tú también puedes someterte a esta nueva prueba!

Aquí tienes tres series de juego. Cada vez te presentan 5 números. Tienes que colocarlos en el lugar adecuado para llegar al resultado que te piden. ¡Atención, hay un número inútil en cada serie!

Ejemplo: 5 - 7 - 9 - 4 - 3 ➡ operación: (☐ + ☐) x (☐ — ☐) = 22
➡ respuesta: (7 + 4) x (5 — 3) = 22
➡ número inútil: 9

▶ Tacha el número inútil de cada serie.:

Serie 1: 12 1 48 9 28
➡ operación: (☐ — ☐) x (☐ + ☐) = 200

Serie 2: 27 6 8 9 2
➡ operación: (☐ x ☐) : (☐ x ☐) = 1

Serie 3: 3 4 9 6 108
➡ operación: (☐ x ☐) — (☐ : ☐) = 0

▶ Suma estos 3 números inútiles: ☐ + ☐ + ☐ = ☐

▶ El resultado tiene que estar en la tabla. Colorea su casilla.

B	112	H	43	P	409
X	19	F	65	M	46
S	7	C	306	T	26

PISTAS
1. En la serie 1, los 2 números más grandes están en el primer paréntesis.
2. En la serie 2, el primer producto es igual al segundo.

Página 57, busca la letra que está en la casilla coloreada.

Respuesta: El número es 26 (12 + 8 + 6). Serie 1: (48 — 28) x (1 + 9) = 200 ➡ número inútil: 12. Serie 2: (6 x 9) : (27 x 2) = 1 ➡ número inútil: 8. Serie 3: (9 x 3) — (108 : 4) = 0 o (4 x 9) — (108 : 3) = 0 ➡ número inútil: 6. **Página 57**, busca la pista T.

52

ENIGMA 42 — QUERIDAS VACACIONES

Nino y Nina tienen un presupuesto de 500 € para pasar una semana de vacaciones. ¡Por lo tanto, tienen que procurar no gastar demasiado!

EL 1.er día, gastan $\frac{1}{5}$ de esta cantidad para alquilar el emplazamiento de su tienda en el camping. Hacen la compra por un importe de 80 €.

EL 3.er día, gastan $\frac{1}{10}$ de lo que les queda para comprarse unos crepes y unos helados.

EL 4.º día, hacen una locura y van al restaurante, que les cuesta 48 €.

EL 5.º día, van al parque acuático y gastan los $\frac{2}{3}$ de lo que les queda.

EL 6.º día, como llueve, se van al cine (16 €), visitan un museo (12 €) y escriben tarjetas postales (12 €).

EL 7.º día, gastan los $\frac{3}{4}$ de lo que les queda para comprar recuerdos y después hacen las cuentas.

¿Cuánto les queda?

Colorea en esta tabla la casilla que corresponde a la respuesta correcta.

C 47 €	J 124 €	A 10 €
Q 2 €	Y 28 €	G 208 €
N 105 €	W 92 €	D 9 €

Página 57, busca la letra que está en la casilla coloreada.

PISTAS
1. Haz las cuentas de cada día para saber exactamente cuánto les queda al final de cada jornada.
2. Para saber el valor de $\frac{2}{3}$, divide por 3 y después multiplica por 2.

Respuesta: Les quedan 10 €. D1: 500 − 180 = 320. D3: 320 − 32 = 288. D4: 288 − 48 = 240. D5: 240 − 160 = 80. D6: 80 − (16 + 12 + 12) = 40. D7: 40 − 30 = 10 €. Página 57, busca la pista A.

ENIGMA 43
UUNA CORNISA EN EL TECHO

Un artesano ha recuperado, en el parque de un castillo en ruinas, las losas que recubrían totalmente una avenida de 32 m de largo por 2 m de ancho.

Después de haberlas limpiado, las utiliza para recubrir el suelo de una gran sala de restaurante cuadrada. Consigue colocar todas las losas y recubre por completo el suelo de la sala.

Acaba de poner la última losa cuando la propietaria del restaurante se acerca a él.

—Oiga, señor artesano… –dice la señora–. Me gustaría poner una cornisa de yeso en el techo, en la parte superior de las paredes, una cornisa que dé la vuelta a la habitación.

¿Tiene una idea de la longitud total de esta cornisa?

—¡Claro, señora! –responde el artesano sin vacilar.

¿Puedes tú responder también sin vacilar?

Calcula la longitud total de la cornisa y colorea tu respuesta en esta tabla.

D	15 m	X	48 cm	L	156 m
R	26 m	B	3 km	H	12 mm
P	57 m	E	32 m	F	72 cm

Página 57, busca la letra que está en la casilla coloreada.

PISTAS

1. Dado que las losas permiten recubrir totalmente el suelo de la sala del restaurante, esto significa que la avenida y la sala tienen la misma superficie.

2. Dado que la sala es cuadrada y que conocemos su superficie, no es muy difícil encontrar la longitud de un lado y después el perímetro…

Respuesta: La cornisa tiene 32 m. Superficie de la avenida = 2 x 32 = 64 m² = superficie de la sala del restaurante. Longitud de un lado de la sala: 8 m (puesto que la sala es cuadrada: 8 x 8 = 64). Por lo tanto, perímetro de la sala: 8 m x 4 = 32 m. **Página 57,** busca la pista E.

ENIGMA 44 — EL AGUADOR

¡Maldito cubo!

Malko va y viene entre el río y su casa para llenar un depósito que puede contener 200 litros de agua.

Tarda cada vez 4 minutos para descender hasta el río y 5 minutos para subir hasta su casa con un cubo lleno de agua.

El cubo de Malko contiene 5 litros de agua, pero tiene un agujero y pierde 20 centilitros de agua cada minuto.

¿En cuánto tiempo habrá llenado Malko su depósito?

Una vez que hayas calculado esta duración, colorea en esta tabla la casilla correspondiente a tu resultado.

F 6 h 25	M 1 h 50	S 7 h 45
C 2 días	J 9 h 30	Q 48 min
Y 6 h 30	G 11 h 25	Z 7 h 30

Página 57, busca la letra que está en la casilla coloreada.

PISTAS

1. El cubo pierde 20 cl por minuto. Malko tarda 5 minutos para subir a su casa con el cubo lleno. ¿Qué cantidad de agua queda todavía en el cubo cuando Malko lo vacía en su depósito?

2. ¿Cuántos viajes de ida y vuelta tiene que hacer Malko para llenar su depósito? ¿Y cuánto tiempo tarda para ir y volver?

Respuesta: Malko llenará su depósito en 7 h 30 min. En 5 min, el cubo pierde 5 × 20 cl = 100 cl = 1 l. Por lo tanto, en cada viaje, Malko vierte 5 l − 1 l = 4 l en su depósito. Dado que el depósito contiene 200 l, tendrá que hacer 200 : 4 = 50 idas y vueltas. Una ida y vuelta dura 9 min (5 + 4), por lo tanto 50 idas y vueltas duran 50 × 9 = 450 min = 7 h 30. **Página 57**, busca la pista Z.

ENIGMA 45
Un número de más (bis)

¡Querida, aquí tienes con qué ocuparte durante diez años!

Ja ja ja

¡Eso solo me llevará diez minutos, querido primo!

Pronto será el cumpleaños de Anna. Su primo Mathis le prepara un regalito muy personal: ¡un auténtico rompecabezas matemático con el que Anna seguramente se tirará de los pelos!

Completa cada tabla con los números que corresponden. Atención, cada vez hay un número (¡solo uno!) que no encontrará su lugar en la tabla.

▶ **TABLA 1.** Números que hay que colocar: 120 - 220 - 77 - 28 - 121 - 66 - 55.

	Múltiplo de **3**	Múltiplo de **5**	Múltiplo de **7**
Múltiplo de **2**			
Múltiplo de **11**			

▶ **TABLA 2.** Números que hay que colocar: 52 - 119 - 91 - 193 - 39 - 51 - 68.

	Múltiplo de **2**	Múltiplo de **3**	Múltiplo de **7**
Múltiplo de **13**			
Múltiplo de **17**			

▶ Suma los 2 números que has podido colocar y después colorea la casilla correspondiente a tu resultado en esta tabla.

G 413	N 104	K 314
W 172	D 86	L 57
R 346	B 258	H 107

PISTAS

1. Empieza por colocar los números que se identifican fácilmente: múltiplos de 2 (por lo tanto, pares) y múltiplos de 5 (números que terminan por 0 o por 5).
2. No está prohibido utilizar una calculadora…

Página 57, busca la letra que está en la casilla coloreada.

Respuesta: El número es 314 (121 + 193). **Página 57**, busca la pista K.

56

Las puertas del diablo

MISTERIO RESUELTO
ENIGMAS 41 A 45

Un aventurero explora una pirámide. De repente, se encuentra delante de 5 puertas cuadradas o rectangulares. Solo una de ellas oculta una llave que permite acceder a un tesoro arqueológico. Las demás mantienen encerradas monstruosas criaturas.
¿Qué puerta tiene que abrir? ¡Misterio!
Nuestro aventurero solo tiene una información: la puerta que tiene que abrir mide exactamente 500 cm².

Para encontrar la puerta adecuada, rodea con un círculo en esta lista de pistas las letras encontradas en los enigmas 41 a 45. Estas pistas te dan una dimensión, que puedes anotar en el dibujo.

A. Área del marco rojo: 2.250 cm².
C. Área del marco rojo: 1.840 cm².
D. Puerta *estrella*: 38 cm x 76 cm.
E. Puerta *estrella*: 15 cm x 30 cm.
G. Puerta *sol* cuadrada: 14 cm de lado.
K. Puerta *sol* cuadrada: 20 cm de lado.
T. Longitud del marco rojo: 50 cm.
Z. Puerta *elefante* rectangular: anchura = 20 cm.

Rodea con un círculo el dibujo de la puerta que oculta la llave. ¡Tacha los otros y, sobre todo, no abras las puertas!

Respuesta: La llave está detrás de la puerta *palmera* qui que es la única que tiene exactamente 500 cm².

ENIGMA 46
BOTELLAS VACÍAS Y BOTELLAS LLENAS

¡Hola, señor!

Arthur ha encontrado un tendero especialmente simpático: cuando le lleva 3 botellas vacías, el tendero le da 1 botella llena.
Por lo tanto, Arthur visita a sus amigos y consigue recuperar 81 botellas vacías. Después, se dirige a la tienda para cambiarlas por botellas llenas.

¿Cuántas botellas llenas podrá conseguir Arthur a partir de estas 81 botellas vacías?

Colorea en esta tabla la casilla que corresponde a la respuesta correcta.

A	18	L	127	C	36
M	7	D	21	G	40
P	81	E	104	V	28

Página 63, busca la letra que está en la casilla coloreada.

PISTAS
1. Después del primer cambio, Arthur podrá vaciar las botellas llenas y, por lo tanto, volver a la tienda para hacer un nuevo cambio…
2. Arthur ya no podrá cambiar las botellas cuando tenga menos de 3 botellas vacías.

Respuesta: Arthur podrá obtener 40 botellas. 1er cambio: 81 botellas vacías por 27 botellas llenas. 2º cambio: 27 vacías por 9 llenas. 3er cambio: 9 vacías por 3 llenas. 4º cambio: 3 vacías por 1 llena. Total: 27 + 9 + 3 + 1 = 40. **Página 63,** busca la pista G.

ENIGMA 47
HÉRCULES Y SUPERMAN

El rey Megalo convoca a Hércules y a Superman para proponerles un trabajo bastante duro.

—Delante de mi castillo, hay una montaña que me impide ver el mar —explica el rey—. Me gustaría que la desplazarais para ponerla detrás del castillo. Os aviso desde ahora: esta montaña pesa 600.000 toneladas.

—No hay problema —responde Hércules—. Puedo hacer este trabajo en 60 días.

—Yo puedo hacerlo en 30 días —replica Superman, muy orgulloso de sí mismo.

—Perfecto —dice el rey—. Os contrato a los dos y trabajaréis juntos.

¿Cuánto tiempo tardarán Hércules y Superman para desplazar esta montaña?

Colorea en esta tabla la casilla que corresponde a la respuesta correcta.

T 20 días	**C** 32 días	**M** 1 semana
D 5 días	**P** 9 días	**J** 10 min
W 1 mes	**N** 22 h 45	**Y** 6 meses

PISTAS
1. Calcula el peso que puede desplazar Superman en un día y después haz el mismo cálculo para Hércules.
2. Busca el peso que Superman y Hércules pueden desplazar juntos en un día.

Página 63, busca la letra que está en la casilla coloreada.

Respuesta: Necesitarán 20 días. En un día, Hércules desplaza 600.000 : 60 = 10.000 toneladas. En un día, Superman desplaza 600.000 : 30 = 20.000 toneladas. Por lo tanto, los dos juntos desplazan 30.000 toneladas en un día. Dado que la montaña pesa 600.000 toneladas, necesitarán 600.000 : 30.000 = 20 días. **Página 63,** busca la pista 7.

ENIGMA 48
¡ORO PARA LOS PIRATAS!

¡**T**res piratas acaban de descubrir un tesoro compuesto por cubos de oro macizo! Por desgracia, estos cubos no son del mismo tamaño. ¿Cómo conseguirán hacer un reparto equitativo?

Hay:
- 30 cubos de 1 cm de lado que pesan 100 gramos cada uno;
- 3 cubos de 2 cm de lado;
- 1 cubo de 3 cm de lado.

¡Como estos piratas son muy fuertes en mates (sobre todo cuando se trata de repartirse un tesoro…), consiguen hacer un reparto equitativo sin cortar ni un solo cubo!

¿Cuál es el peso de oro que recibirá cada pirata?

Colorea en esta tabla la casilla que corresponde a la respuesta correcta.

D 3,2 kg	P 500 g	J 1,4 kg
W 45 kg	B 2,7 kg	K 5 g
Z 1,9 kg	Q 72 g	X 6,7 kg

Página 63, busca la letra que está en la casilla coloreada.

PISTAS
1. Un cubo de 2 cm de lado tiene el mismo valor que 8 cubos de 1 cm de lado.
2. ¿Cuántos cubos de 1 cm de lado se pueden meter en un cubo de 3 cm de lado? ¡Haz un dibujo!

Respuesta: 2,7 kg de oro para cada pirata. Para el reparto, primero hay que transformarlo todo en cubos de 1 cm de lado: 30 cubos de 1 cm de lado = 30 cubos; 3 cubos de 2 cm de lado = 3 x 8 cubos de 1 cm de lado = 24 cubos de 1 cm de lado; 1 cubo de 3 cm de lado = 1 x 27 = 27 cubos de 1 cm de lado = 27 cubos de 1 cm de lado. Lo cual suma un total de 30 + 24 + 27 = 81 cubos de 1 cm de lado. 81 : 3 = 27 cubos por pirata, por lo tanto 27 x 100 g = 2.700 g = 2,7 kg. Pirata 1: el cubo de 3 cm de lado = 27 cubos de 1 cm de lado. Pirata 2: 3 cubos de 2 cm de lado + 3 cubos de 1 cm de lado = 27 cubos de 1 cm de lado. Pirata 3: 27 cubos de 1 cm de lado. **Página 63**, busca la pista b.

ENIGMA 49 — Un papá valiente

Stakano es el feliz papá de 12 niños. Acaba de hacer un cajón de arena en el jardín para que sus hijos puedan disfrutar del agradable aire del campo. ¡Evidentemente, este cajón de arena tiene que ser muy grande!

Stakano necesita 2 toneladas de arena para hacer este cajón. Va a ver al propietario de la cantera de arena.

—Le doy 6 horas como máximo —dice el propietario—. Para transportar la arena a su casa, puede utilizar tantas veces como quiera el vagón, la vagoneta o la carretilla, pero solo puede utilizar un medio de transporte a la vez.

Esta tabla lo ayudara a organizarse:

	Carga Máxima	Duración del transporte Ida/Vuelta
Vagón	550 kg	95 min
Vagoneta	300 kg	50 min
Carretilla	25 kg	10 min

¿Conseguirá Stakano transportar sus 2 toneladas de arena en menos de 6 horas? ¡Descubre cómo hay que organizarse para ir lo más deprisa posible!

Cuando hayas encontrado el mejor tiempo, colorea la casilla correspondiente en esta tabla.

J 4 h 45	W 6 h 05	K 5 h 45
Z 12 h 20	L 1 h 10	A 4 h 55
F 5 h 55	R 6 h 15	E 5 h 52

PISTAS

1. No puede utilizar 4 veces el vagón porque serían 4 x 95 min = 380 min, es decir más de 6 horas (360 min).
2. Para simplificar tus cálculos, cuéntalo todo en kilos y en minutos.

Página 63, busca la letra que está en la casilla coloreada.

Respuesta: El mejor tiempo es 5 h 55 min. Es decir: 3 vagones o sea 1.650 kg 285 min; 1 vagoneta, o sea 300 kg y 50 min; 2 carretillas, o sea 50 kg y 20 min. Total: 2.000 kg (2 t) para 355 min (5 h 55 min).
Página 63, busca la pista F.

ENIGMA 50 — La torre infernal

Mathis sueña que es un poderoso hechicero y que somete a Anna a una prueba: ¡la sube a lo alto de una torre de cubos y le da un pico!
- La torre está formada por 10 cubos idénticos apilados.
- Los cubos son de hormigón. Están huecos y el grosor de su pared es de 5 cm.
- Los cubos están medio llenos de agua.

Para escapar, Anna solo tiene una solución: agujerear los cubos uno después de otro para llegar hasta abajo. Esto es lo que tiene que hacer:

1. Agujerear el cubo para entrar en el interior. Duración: 20 minutos.
2. Hacer un pequeño agujero para que salga el agua que contiene un cubo. Duración: 10 minutos.
3. Agujerear la base del cubo para llegar al cubo siguiente. Duración: 20 minutos.

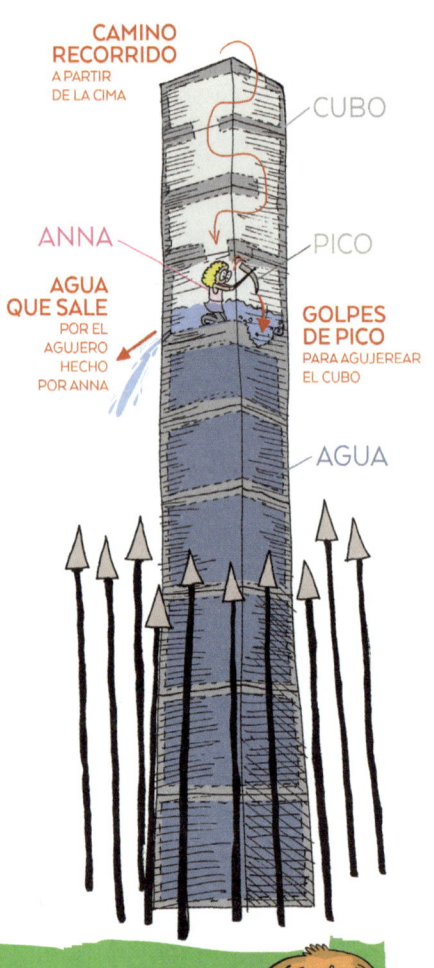

CAMINO RECORRIDO A PARTIR DE LA CIMA
CUBO
ANNA
PICO
AGUA QUE SALE POR EL AGUJERO HECHO POR ANNA
GOLPES DE PICO PARA AGUJEREAR EL CUBO
AGUA

¿Cuánto tiempo necesitará Anna para salir de esta torre infernal?

Colorea en esta tabla la casilla que corresponde a la respuesta correcta.

K 2 h 35	Z 10 h 50	L 1 h 30
A 3 días	M 7 h 45	D 8 h 30
S 9 h 15	N 1 mes	H 8 h 10

PISTAS
1. Utiliza el dibujo para saber el número de agujeros grandes (para pasar) y de agujeros pequeños (para que salga el agua) que tiene que hacer Anna.
2. ¡No olvides que, cuando Anna sale de un cubo, tiene otro justo debajo!

Página 63, busca la letra que está en la casilla coloreada.

Respuesta: Necesitará 8 h 10. Anna tiene que hacer en total: 20 agujeros grandes, o sea 20 x 20 min = 400 min. Después 9 agujeros pequeños (para que salga el agua), o sea 9 x 10 min = 90 min. Es decir, una duración total de 400 + 90 = 490 min = 8 h 10. **Página 63**, busca la pista H.

¡La unidad correcta, por favor!

MISTERIO RESUELTO ENIGMAS 46 A 50

Imagina un cliente que quiere comprar una bombilla de 15 toneles y que la paga con un billete de 10 calorías..., o una señora que corre durante 30 decibelios a la velocidad de 5 estéreos por hora... Imposible, ¿verdad?, ¡sobre todo cuando se conocen las unidades de medida! Estas son algunas unidades de medida. Unas son conocidas, otras menos... ¿Qué se mide con estas curiosas unidades? ¡Misterio!

Las unidades	A. la caloría L. el estéreo E. el tonel	P. el caballo R. la magnitud	E. el decibelio R. el grado Beaufort	S. el lux T. el nudo
Lo que miden	1. la potencia de un motor 2. la energía contenida en los alimentos 3. la intensidad de la luz 4. la velocidad de un barco 5. la intensidad de un ruido		6. el volumen de un montón de madera 7. el volumen de un barco 8. la potencia de un terremoto 9. la velocidad del viento	

Para conocer estas unidades de medida, rodea con un círculo las letras de las respuestas que has encontrado en los enigmas 46 a 50. Cada pista asocia una unidad a lo que mide.

A → 5 G   D → 3 B   H → 1 P   L → 1 U   L → 6 N
B → 9 O   F → 4 T   J → 7 B   M → 9 N   W → 2 L
C → 7 R   G → 3 S   K → 3 E   P → 8 B   Z → 9 G

Traslada aquí la letra asociada a la unidad de medida que has elegido.

Para medir: 1 2 3 4 5 6 7 8 9
Se utiliza: _ _ _ _ _ _ _ _ _

¡Si no has cometido errores, tienes que encontrar el nombre de un profesional que no debe equivocarse en sus medidas!

¡Venga! ¡Más deprisaaaaaaaa!

Respuesta: Es el pastelero.

Título original: *Entraîner son esprit mathémathique*
© Éditions Retz, 2011
Realización: Laser Graphie
© de esta edición: Ediciones Urano, S.A.U.
© de la traducción: Nuria Viver Barri
Impreso por Macrolibros – Valladolid
DL: B-12.394-2018 / ISBN: 978-84-16972-45-6 / E-ISBN: 978-84-17180-95-9